신문이 보이고 뉴스가 들리는 ㉕

재미있는

철학 이야기

신문이 보이고 뉴스가 들리는 ㉕
재미있는 **철학 이야기**

개정판 1쇄 발행 | 2013년 11월 15일
개정판 7쇄 발행 | 2021년 12월 20일

지 은 이 | 이수석 김민송
그 린 이 | 이예휘
감　　수 | 박찬구

펴 낸 곳 | (주)가나문화콘텐츠
펴 낸 이 | 김남전
편 집 장 | 유다형
편　　집 | 이보라 김아영
디 자 인 | 정란
마 케 팅 | 정상원 한웅 정용민 김건우
관　　리 | 임종열

출 판 등 록 | 2002년 2월 15일 제10-2308호
주　　소 | 경기도 고양시 덕양구 호원길 3-2
전　　화 | 02-717-5494(편집부) 02-332-7755(관리부)
팩　　스 | 02-324-9944
홈 페 이 지 | ganapub.com
이 메 일 | ganapub@naver.com

ISBN 978-89-5736-583-0 (74100)

*책값은 뒤표지에 표시되어 있습니다.
*이 책의 내용을 재사용하려면 반드시 저작권자와 (주)가나문화콘텐츠 양측의 동의를 얻어야 합니다.
*잘못된 책은 구입하신 서점에서 바꾸어 드립니다.

*'가나출판사'는 (주)가나문화콘텐츠의 출판 브랜드입니다.

이 도서의 국립중앙도서관 출판시도서목록(CIP)은 서지정보유통지원시스템 홈페이지(http://seoji.nl.go.kr)와
국가자료공동목록시스템(http://www.nl.go.kr/kolisnet)에서 이용하실 수 있습니다.(CIP제어번호: CIP2013020838)

- 제조자명 : (주)가나문화콘텐츠
- 주소 및 전화번호 : 경기도 고양시 덕양구 호원길 3-2 / 02-717-5494
- 제조연월 : 2021년 12월 20일
- 제조국명 : 대한민국
- 사용연령 : 4세 이상 어린이 제품

신문이 보이고 뉴스가 들리는 재미있는 철학 이야기

25

글 이수석 김민송 | 그림 이예휘
감수 박찬구(서울대학교 윤리교육과 교수)

가나출판사

| 머리말 |

힘차게 세상을 살게 하는 철학

　알 속의 병아리는 껍데기를 스스로 깨고 세상으로 나와요. 이렇듯 새로운 세계는 낡은 세계를 깨뜨려야 만날 수 있어요. 알 속의 작은 병아리에게 껍데기는 아주 힘겨운 장애물이에요. 그래서 어미 닭은 미리 알을 쪼아서 살짝 금을 내 주지요. 어미 닭이 알을 다 깨주면 더 좋을 텐데, 왜 이렇게 할까요? 자기 힘으로 세상에 나오지 못하는 병아리는 약골로 자라기 때문이에요. 병아리가 스스로의 힘으로 알을 깨고 나와야만, 힘 있게 세상을 살 수 있어요.

　여러분도 어머니의 배 속에서 어머니의 보호를 받고 자라다가 어느 날 혹성을 탈출하듯이 세상에 태어났어요. 병아리가 알을 깨고 나온 것처럼, 세상에 태어난 것이죠. 이런 위대한 일을 한 여러분에게 사실 철학이라는 학문은, 아니 모든 학문은 별거 아니에요. 왜냐하면 이 세상의 어떤 일도 여러분이 세상에 태어나는 순간처럼 힘들지는 않거든요.

　물론 탈레스, 소크라테스, 플라톤, 칸트, 헤겔, 니체……. 발음하기도 어려운 수많은 철학자들은 이름만으로도 머리를 지끈지끈 아프게 해요. 더군다나 그들이 말하는 철학은

　또 어떻고요. "있는 것은 있고, 없는 것은 없다.", "너 자신을 알라.", "경험은 거짓말을 하지 않는다."……. 어휴, 도대체 무슨 얘기인지 알 수가 없지요.

　하지만 쉽고 재밌는 것만 하면서 세상을 살 수는 없잖아요? 때로는 힘들고 어렵고, 그래서 하기 싫은 일도 해야만 할 때가 있지요. 더구나 철학 공부는 여러분의 낡은 생각, 낡은 세계를 깨뜨릴 수 있게 도와준답니다. 스스로의 힘으로 껍데기를 깨는 병아리처럼 말이에요. 또 여러분이 철학 공부를 하면 할수록 세상을 바라보는 눈이 길러진다는 것도 알게 될 거예요.

　이제 새로운 세상을 위해 낡은 세상을 깨뜨리는 철학의 세계, 세계에 대한 근본적인 물음을 던지는 철학자들의 생생한 현장으로 가 볼까요?

이수석

| 차례 |

머리말 · 4

철학, 참 쉽죠! · 10

1장 서양 고대 철학 Ⅰ – 인간, 철학을 시작하다 · 14
세상은 무엇으로 이루어졌나요? · 16

만물의 근원이 하나라고? · 20

세상은 변할까요? 변하지 않을까요? · 24

생각하는 힘, 이성 · 28

'원자'라는 레고로 만들어진 세상 · 30

세상은 누가 변화시킬까요? · 34

2장 서양 고대 철학 Ⅱ – 철학의 꽃이 활짝 피다 · 36
어떻게 진리에 도달할까요? · 38

왜 우리는 나쁜 짓을 할까요? · 42

진리는 현실 세계 뒤편에 있어요 · 46

누가 정치를 제일 잘할까요? · 50

진리야, 땅으로 내려와라 · 52

어떻게 살아야 행복해요? · 56

개처럼 살라, 행복하리니! · 60

진정한 행복은 무엇일까? · 64

육체적 쾌락이냐? 정신적 쾌락이냐? · 68

서양 중세 철학 – 신이 세상을 지배하다 · 72

우리가 죄인이라고요? · 74

하느님은 정말 있나요? · 78

4장 서양 근대 철학 I – 이성이 중심이 되다 · 82

세상이 발칵 뒤집히다 · 84

지식은 경험을 통해서 쌓는 것 · 88

국가는 왜 생겼나요? · 92

나는 생각한다. 그러므로 나는 존재한다! · 96

지식을 얻는 두 가지 방법 · 100

신이 따로 있나, 모두가 신이지! · 102

갓난아기는 어떻게 지식을 얻어요? · 106

페가수스는 상상의 동물이 아니다? · 110

모두 자연으로 돌아가라 · 114

5장 서양 근대 철학 II – 혁명의 시대, 혁명의 철학 · 118

유럽을 집어삼킨 태풍, 산업 혁명 · 120

합리주의와 경험주의를 종합하다 · 122

이성 안에서는 어떤 일이 생길까요? · 126

영원한 진리는 없다 · 130

변증법이 무엇인가요? · 134

많은 사람이 행복하면 옳은 일이지! · 138

질 높은 행복은 무엇인가요? · 142

서양 근대 후기 철학 – 변혁의 목소리를 내다 · 146

철학이여, 세계를 변혁하라 · 148

삶을 지배하는 슈퍼맨이 돼라! · 152

내 인생은 나의 것 · 156

사진 출처 · 160

찾아보기 · 161

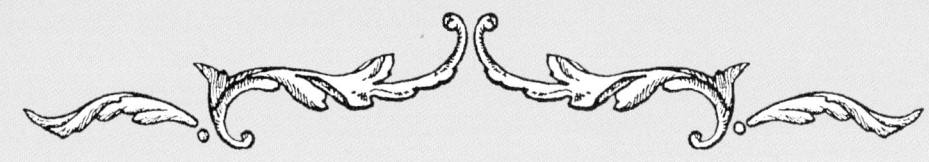

철학, 참 쉽죠!

"자, 이제부터 한 시간 동안 철학을 해 보세요. 철학을 가장 잘한 친구에게는 최신 스마트폰을 상으로 주겠어요."

어느 날 선생님이 여러분에게 이런 문제를 낸다면 어떻게 해야 할까요? 최신 스마트폰이라니 정말 열심히 해 보고 싶죠? 그런데 철학을 어떻게 하는지 통 감을 잡을 수 없을 거예요. 그때 선생님이 친절하게 말씀해 주셨어요.

"철학은 생각을 하는 거예요."

와, 이건 누워서 떡 먹는 것보다 쉬운 것 아닌가요? 철학이라는 거, 너무 쉽죠? 그럼 이제부터 한 시간 동안 철학을 해 보세요.

어떤 생각이 철학일까?

여러분은 한 시간 동안 무엇을 했나요? 물론 선생님 말씀대로 생각을 했을 거예요. 무슨 생각을 했는지 무척 궁금하군요. 아마 어떤 친구는 '세상에서 가장 맛있는 음식은 무엇일까?'라며 여러 가지 음식을 생각했을지도 몰라요. 또 어떤 친구는 '내가 가장 좋아하는 사람은 누구일까?'라며 이 사람 저 사람의 얼굴을 떠올렸을 거고요.

　그런데 이런 생각들을 하는 데 걸린 시간이 얼마나 되나요? 아마 10분 안에 다 끝나지 않았나요? 그리고 이런 생각들은 다른 생각으로 발전하지 않지요.

하지만 어떤 생각은 한 시간, 아니 하루 종일 해도 끝나지 않는 것이 있어요. 이런 생각은 연이어 다른 생각을 부르고, 더 큰 생각을 일으켜 세상의 모든 문제를 생각하게 하기도 한답니다. 예를 들면, '신은 존재할까?', '인간은 영원히 살 수 없을까?'와 같은 문제에 대한 생각들이에요.

아무리 열심히 생각한다 해도 이런 생각들은 쉽게 끝낼 수가 없지요. 이런 질문에 해답을 찾으려면 과학도 연구해야 하고, 역사도 공부해야 하고, 의학도 알아야 할 거예요. 그 바탕 위에서 어떤 상황에도 통하는 해답을 얻으려면 수십 년을 생각하고 또 생각해도 부족할지 몰라요.

어떤 사람들은 그 해답을 찾기 위해 평생 동안 공부하고 생각해요. 그런 사람들을 '철학자'라고 하지요. 당연히 철학자들은 남들보다 더 깊고 더 넓게 생각한답니다.

또 이렇게 철학자들이 어떤 질문에 대한 해답을 찾는 과정을 '철학'이라고 해요. 깊은 학문과 지혜를 바탕으로 발전시킨 철학자들의 생각은 우리가 살면서 만나는 여러 궁금증을 푸는 열쇠가 되기도 한답니다.

너도 나도 누구나 철학자

그럼, 우리는 철학을 못 하나요? 아니에요. 누구나 철학을 할 수 있어요. 우리도 어떤 문제와 부딪치면 자신의 생각을 세우고 조금씩 발전시켜 삶을 튼튼하게 만들어 가지요. 그래서 우리 모두는 자신의 철학을 가지고 있어요. 그런데 우리가 할 수 있는 또 다른 철학을 소개할게요.

수천 년 동안 우리 역사 속에는 무수히 많은 철학자들이 등장했어요. 그들은 잠자는 것도, 먹는 것도 잊고 자신만의 생각에 매달려 평생을 살았지요. 사실 그 철학자들이 이미 많은 질문들의 해답을 찾거나 깊고 풍부하게 발전시켰답니다. 이 철학자들의 생각을 공부하고 그 생각의 과정을 밟으며 내 생각을 키우는 것도 '철학'이랍니다.

이제부터 우리는 서양 철학자들 중에서 가장 위대한 사람들의 생각을 공부하는 '철학'을 할 거예요. 어떤 철학자들이 혜성과 같이 나타나 인류의 지혜를 깊고 넓게 만들어 왔는지, 지금 만나러 가 볼까요?

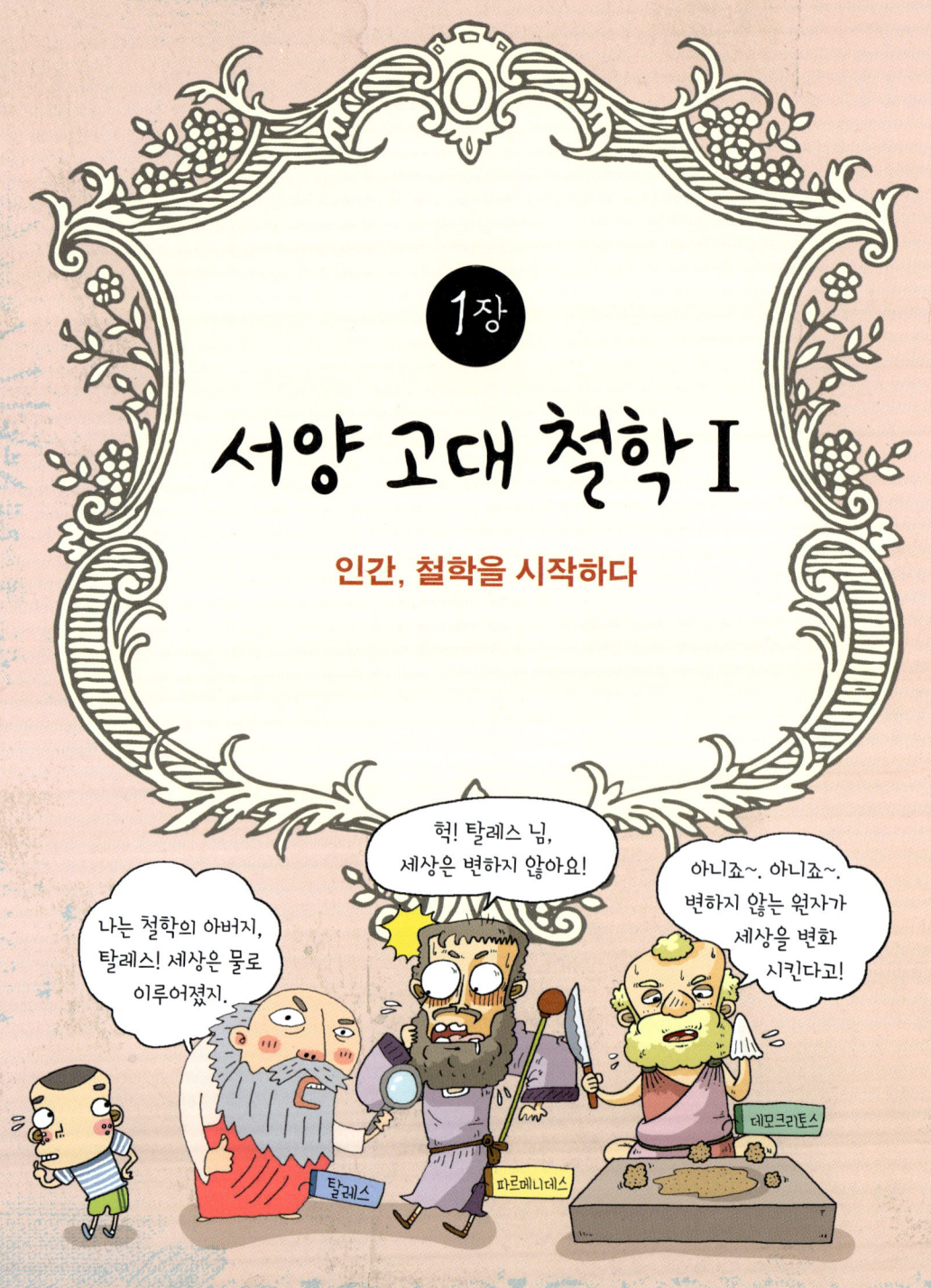

최초로 문명이 발생한 때부터 서로마 제국이 멸망한 때까지를 '고대'라고 해요. 그리고 이 시대의 철학을 '서양 고대 철학'이라고 하고요. 이때의 철학은 주로 그리스에서 발전했습니다. 당시 그리스의 철학자들은 주로 자연의 변화에 관심을 가졌어요. 탈레스, 파르메니데스, 데모크리토스가 그들이에요.

세상은 무엇으로 이루어졌나요?

고대 그리스 철학자들이 가장 먼저 의문을 품은 문제는
'도대체 세상은 무엇으로 이루어졌을까?'였어요.
그들은 사물을 계속 쪼개고 쪼개면 나중에 남는 것이 무엇인지 궁금했어요.
이것이 바로 최초의 철학적인 물음이에요. 그들은 눈에 보이는 자연 뒤에
그것을 이루는 근본적인 재료가 숨어 있다고 생각한 거지요.

철학의 아버지, 탈레스

가장 먼저 이 문제에 답을 내린 철학자는 탈레스였어요. 당시 그리스 사람들은 자연 현상의 원인을 신의 뜻이라고 생각했어요. 하지만 탈레스는 자연에서 자연 현상의 원인을 찾으려고 했어요. 그래서 탈레스를 '철학의 아버지'라고 해요. 철학의 역사를 열어젖힌 인류의 스승이라는 존경을 담은 말이지요.

고대에서 철학은 과학을 포함한 모든 분야를 연구했어요. 그래서 탈레스는 태양과 달을 주의 깊게 관찰해 일식을 예측하고, 일 년을 365일로, 한 달을 30일로 정하기도 했지요. 그가 이런 일들을 할 수 있었던 것은 자연을 끊임없이 관찰하고 기록하고 연구했기 때문이랍니다.

탈레스 (기원전 624~기원전 546년경)
만물의 근원은 '물'이라고 주장했어요.

만물의 근원은?

탈레스는 모든 것의 근원은 '물'이라고 생각했어요. 그는 자연을 관찰하면서 자연 안에는 수많은 사물이 있다는 것과 그것들은 다른 것으로 변화한다는 것을 알게 되었어요.

아낙시만드로스
(기원전 610~기원전 546년경)
만물의 근원은 '형태가 없는 무한정한 것'이라고 했어요.

그리고 모든 사물과 그 사물의 변화는 어떤 하나의 재료에서 출발한다고 생각했지요. 그는 그 하나의 재료가 바로 물이라고 결론을 내렸어요.

그 이유는 이 세상에 있는 사물은 고체, 액체, 기체의 세 가지 형태를 띠는데 물이 바로 이 모든 모습을 가지고 있기 때문이었어요. 또 모든 생물은 물을 마셔야 살 수 있는 것도 큰 이유였지요.

이어서 등장한 철학자는 탈레스의 제자 아낙시만드로스예요. 그는 만물이 하나의 재료에서 출발한다는 탈레스의 생각을 이어받았어요. 하지만 그것이 물과 같은 사물은 아니라고 생각했어요. 그는 형태도, 한계도 갖지 않는 '무한정한 그 무엇'이 만물의 근원이라고 생각했지요. 그것이 끊임없이 움직여서 따뜻한 것과 차가운 것, 건조한 것과 습한 것 같은 반대 성질을 만들어 낸다고요. 그 때문에 세상에 땅, 물, 불, 공기가 만들어지는 것이라고 했어요.

아낙시만드로스의 제자인 아낙시메네스는 이 세상의 모든 사물을 만들고 없애는 근본은 '공기'라고 했어요. 왜냐하면 공기는 우리를 숨 쉬게 하고, 온 세상을 감싸고 있기 때문이지요.

공기가 점점 두꺼워지면 바람이 되고, 바람이 다시 구름이 되고, 구름은 다시 물이 되고, 물은 다시 진흙이 되고, 진흙은 돌이 된다고요. 그리고 공기가 점점 얇아지면

아낙시메네스
(기원전 585~기원전 528년경)
만물의 근원은 '공기'라고 했어요.

결국 불이 된다고 했답니다. 또한 그는 인간의 영혼도 공기라고 주장했어요.

자연 속에서 원인을 찾아라!

이 철학자들의 생각은 지금의 과학으로 보면 형편없다고 생각될 수 있어요. 하지만 당시 이들의 주장은 아주 혁신적인 것이었어요. 그전까지는 신이 세상의 모든 사물을 만들고 없어지게 한다고 믿었거든요. 이들은 세상의 사물들은 무엇으로 이루어져 있는지, 그것이 어떻게 변화하는지를 자연 속에서 찾으려고 고민했지요. 그래서 이들을 '자연 철학자'라고 부르기도 한답니다.

만물의 근원을 자연에서 찾으려 한 이 철학자들을 '자연 철학자'라고 불러.

자연 철학자들은 모든 것을 신들의 이야기로 설명하던 방식에서 벗어나 직접 자연을 관찰하고 그것의 원인과 결과를 찾아 설명했어요. 드디어 철학자들이 신의 세계를 버리고 떠난 거예요. 그리고 그들이 향한 곳은 자연의 세계였지요.

이런 자연 철학자들의 뒤를 이어 소크라테스, 플라톤과 같은 훌륭한 철학자들이 나타났어요. 그들은 자연에서 더 나아가 인간의 세계에 발을 들여놓기 시작했지요. 그들은 아름다운 그리스 땅에 올리브 향보다 진한 생각의 꽃을 활짝 피워 위대한 철학의 시대를 열었답니다.

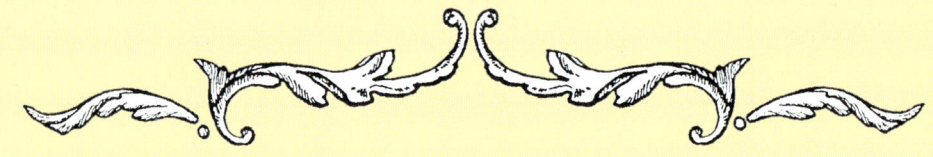

만물의 근원이 하나라고?

고대 그리스의 많은 철학자들이 세상을 이루는
단 하나의 재료가 무엇인가에 몰두해 있을 때,
그 물음에 의심을 품은 철학자가 있었어요.
바로 엠페도클레스예요.

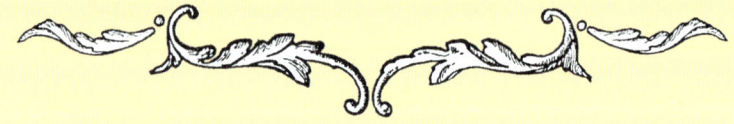

자연은 네 가지 원소의 혼합물

엠페도클레스는 물은 수증기나 얼음 이외의 것은 될 수 없다고 생각했어요. 만약 세상의 근원이 물이라면, 어떻게 물이 갑자기 변해서 나비가 될 수 있겠어요? 그래서 그는 세상이 단 한 가지 재료에서 시작된다는 생각에서 벗어나야 한다고 주장했지요. 여러분도 생각해 보세요. 물이든 공기든 간에 한 가지 재료가 꽃도 되고, 동물도 되고, 사람도 될 수 있을까요?

그래서 엠페도클레스는 자연은 단 하나의 재료로 이루어지는 것이 아니라, 네 가지 '원소'에 뿌리를 둔다고 설명했어요. 그 네 가지 원소는 자연의 근간을 이루는 '흙, 공기, 불, 물'이라고 했지요.

엠페도클레스
(기원전 490~기원전 430년경)
만물은 흙, 공기, 불, 물의 4가지 원소로 이루어졌다고 주장했어요.

그는 세상의 모든 것은 이 네 가지로 이루어진 혼합물이며, 단지 그 혼합된 비율이 다를 뿐이라고 했어요. 예를 들면, 뼈는 흙2, 물2, 불4의 비율로 구성되어 있다는 식이에요. 그리고 자연의 변화는 네 가지 원소가 혼합되고 다시 분리되면서 생겨났다고 했지요.

조금 이해하기 어렵나요? 그럼 엠페도클레스의 '4원소'를 그림 물감에 비유해서 이해해 보아요. 만약 화가가 빨강, 노랑, 파랑, 검정이라는 네 가지 색의 물감을 가지고 있다면 모든 색을 표현할 수 있어요.

파랑과 노랑을 섞어 초록 나뭇잎을 그리고, 빨강과 노랑을 섞어 오렌지를 그리고, 그리고 검정과 노랑을 섞어 건강한 나무줄기를 그릴 수 있지요. 네 가지 물감을 가진 화가가 아름다운 오렌지 나무를 그릴 수 있듯이, 엠페도클레스는 네 가지 원소를 모두 자연의 뿌리로 생각해야 만물의 변화를 밝혀낼 수 있다고 여긴 거예요.

사랑과 미움의 힘으로 변해요

그럼 원소들이 서로 섞여 새로운 것을 만들어 내게 하는 힘이 무엇인지 궁금하지 않나요? 엠페도클레스는 자연에는 서로 다른 두 힘이 작용하고 있다고 생각했어요. 두 힘은 바로 '사랑'과 '미움'이에요. 사물을 결합시키는 것은 사랑의 힘이고, 분리시키는 것은 미움의 힘인 거죠.

예를 들어, 남자와 여자가 만나 사랑을 하면 아이가 생기고, 가정을 풍요롭게 만들죠. 하지만 둘 사이에 미움이 생기면 이별을 하고, 심지어 죽음까지 불러올 수도 있잖아요.

엠페도클레스는 사랑과 미움이 사물을 만들어 내는 데에는 네 가지 단계가 있다고 했어요.

첫 번째 단계에는 사랑만 있어요. 원소들은 사랑에 의해 혼합되고 조화를 이루죠. 두 번째 단계에서는 가까이에 숨어 있던 미움이 사물에

침투해요. 그러나 미움보다 사랑이 더 많아 사물은 그대로 있죠.

세 번째 단계에서는 미움의 힘이 세져요. 사물은 부조화 상태에 빠지고 서로 분리되기 시작해요. 마지막 단계에 이르면 미움만 남아 사물은 네 원소로 각각 분리된답니다.

하지만 여기서 그치지 않아요. 다시 사랑의 힘이 원소들을 서로 끌어당기기 시작해요. 원소들은 조화롭게 결합되고 새로운 순환을 시작하는 거죠. 엠페도클레스는 이 과정이 언제나 끊임없이 계속되어 세상이 계속 변하는 거라고 했어요.

신이 되려고 한 철학자

엠페도클레스는 철학자이자 의사였고 정치가이자 시인이었으며 자연을 탐구하는 과학자였어요. 또 그는 마법사였어요. 종종 감쪽같이 사라져 사람들을 놀라게 했다고 해요. 그는 모든 의사들이 포기한 한 여성의 병을 고쳐 큰 명성을 얻기도 했지요.

시민들은 놀랄 만한 재주를 가진 그를 거의 '신'으로 추앙했어요. 그는 신처럼 붉은 융단으로 된 긴 옷을 입고, 금으로 된 허리띠를 두르고 청동 신발을 신고, 머리에는 델포이 신전에서 쓰는 관을 쓰고 다녔어요. 그는 사람들에게 자신이 신이 되었다는 믿음을 주기 위해 에트나 화산에 몸을 던졌다고 전해지고 있어요. 세상에서 완전히 사라져 전설로 남으려고 한 것이지요.

이탈리아에 있는 에트나 화산

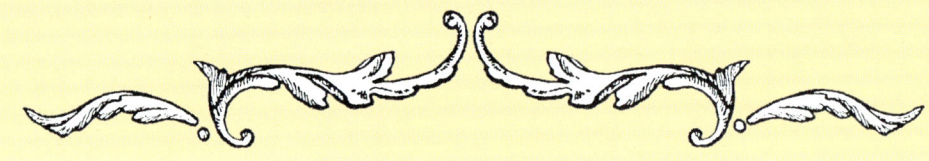

세상은 변할까요?
변하지 않을까요?

고대 그리스의 철학자들이 세상의 본질을 찾고 있을 때,
만물의 근본적 재료보다 만물의 변화에 초점을 둔 철학자들이 있었어요.
그들은 '세상은 변할까, 변하지 않을까?'를 두고 서로 다른 주장을 했지요.
이 물음은 철학의 역사에서 끊임없는 논쟁을 불러일으켰어요.
최초로 이 물음에 답을 한 두 철학자를 만나 볼까요?

아무것도 없는 곳에서는 아무것도 생기지 않는다

먼저 만나 볼 철학자는 파르메니데스예요. 그의 생각의 출발점은 '있는 것은 있고, 없는 것은 없다.'예요. 하나마나한 소리라고요?

그는 사물이 변하려면 사물을 이루는 재료들이 움직여야 한다고 생각했어요. 그러려면 사물의 재료들이 움직일 수 있는 빈 공간이 있어야 하겠지요. 하지만 사물에 빈 공간이 있다면 사물은 고유한 성격을 잃어 그 사물이 될 수 없지 않을까요? 그러므로 그는 사물 속에 빈 공간은 있을 수 없고, 따라서 재료들이 움직일 수 없기 때문에 사물은 절대 변할 수 없다고 얘기했어요.

파르메니데스(기원전 515년경~미상)
사물의 변화는 불가능하다고 생각했어요.

예를 들어 볼게요. 만약 둥근 지구에 군데군데 빈 공간이 있다면 어떻게 될까요? 그러면 지구는 완벽한 동그란 모양이 될 수 없겠지요. 지금까지 우리가 지구를 동그랗다고 생각한 것은 지구에 빈 공간이 없기 때문이에요. 그렇게 지구는 예전부터 완벽히 동그랗게 존재해 왔고, 앞으로도 그렇게 존재할 것이고요.

나무도, 돌도 마찬가지지요. 그 안에 빈 공간이 있으면 우리가 인식한 나무나 돌은 있을 수 없답니다. 파르메니데스는 현실에 있는 모든 것은 이미 늘 존재하던 것이라고 믿었어요. 또 아무것도 없는 곳에서는 아무것도 생길 수 없다고 생각했지요. 그래서 변화란 불가능하다고 여겼답니다.

같은 냇물에 두 번 발을 담글 수 없다

파르메니데스의 생각이 억지스럽다고 주장하며 반박한 철학자가 있어요. 바로 헤라클레이토스예요. 그의 생각의 출발점은 '우리는 결코 같은 냇물에 두 번 발을 담글 수 없다.'예요. 생각해 보세요. 냇물은 항상 흐르고 있기 때문에 우리가 발을 담그고 있는 곳의 물은 항상 새로운 물일 수밖에 없어요.

헤라클레이토스 (기원전 540~기원전 480년경)
우리는 결코 같은 냇물에 두 번 발을 담글 수 없다며 모든 것은 변한다고 주장했어요.

이렇게 그는 모든 것은 변하고 운동한다고 생각했어요. 물은 한시도 쉬지 않고 흐르고 있기 때문에, 두 번째 냇물에 들어갔을 때는 아까와 같은 물이 아니라는 거지요.

헤라클레이토스는 여기서 생각을 그치지 않았어요. 만물은 끊임없이 변하지만 그 겉모습 뒤에는 어떤 변함없는 실체가 있다고 생각했어요. 만물은 항상 변화 속에 있지만, 그러한 변화를 가능하게 하는 변하지 않는 것이 있다고 생각한 거예요. 헤라클레이토스는 그것을 '불'이라고 했어요.

그리스 신화에는 제우스 신이 숨겨 둔 불을 프로메테우스가 훔쳐서 인간에게 갖다 줬다는 이야기가 있어요. 이런 신화가 있을 정도로 그리스 인들은 불을 중요하게 여겼어요.

귀스타브 모로가 그린 〈프로메테우스〉
제우스 신이 숨겨 둔 불을 훔쳐 인간에게 준 프로메테우스는 매일 독수리에게 간을 쪼아 먹히는 형벌을 받았어요.

헤라클레이토스도 마찬가지였어요. 불이 모든 사물의 변화를 가능하게 한다고 생각했지요. 사물에 불이 더해지면 사물은 변하잖아요. 불의 세기에 따라 사물은 다른 것이 되기도 하고 아주 없어지기도 하니까요.

파르메니데스와 헤라클레이토스는 이렇게 사물의 변화에 대해 아주 다른 생각을 펼쳤어요. 두 철학자의 생각은 후대 철학자들에게 그대로 이어져 2,000여 년 동안 끊임없이 논쟁을 일으켰답니다.

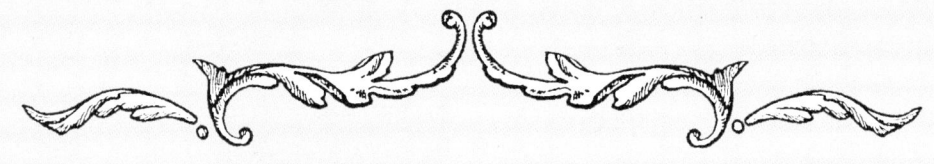

생각하는 힘, 이성

파르메니데스는 세상은 절대 변하지 않는다고 했어요. 하지만 그도 자연 속에서 끊임없이 변화가 일어나고 있는 것을 잘 알고 있었지요. 눈과 귀, 입, 피부 같은 감각을 통해서 여러 사물이 변하는 걸 분명히 알 수 있었으니까요. 하지만 그는 감각을 통해서 알게 된 지식은 진리가 아니라고 했어요. 그러니까 그는 눈으로 보아도 믿지 않은 거예요.

파르메니데스는 왜 눈으로 본 것을 믿지 않았을까요? 그는 오직 이성으로 판단한 것만이 진리라고 생각했기 때문이에요. 감각을 통해 얻은 지식은 이성적 지식에 맞지 않아 진리의 대상이 될 수 없다는 것이지요. 파르메니데스가 지식과 진리를 얻는 통로는 오직 이성뿐이었답니다.

이성은 우리가 철학을 공부하는 동안 계속 등장할 용어이니 주의 깊게 살펴볼까요? 이성은 동물과 구별되는 인간의 특별한 능력이에요. 이치에 맞게 생각하고 판단하는 능력을 말하지요. '1+1'은 무엇일까요? 여러분은 금방 '2'라고 대답했을 거예요. 바로 여러분의 이성, 생각하는 힘이 답을 찾은 거랍니다.

소크라테스도 파르메니데스와 같은 생각을 했어요. 소크라테스는 진

리가 이미 우리 안에 있다고 믿었어요. 다만 대부분의 사람들은 그것을 깨닫지 못하고 지내고 있을 뿐이라고요. 그러므로 진리를 배우는 것은 잊고 있던 것을 생각해 내는 것과 같다고 했어요. 바로 생각하는 힘, 이성의 도움으로 말이에요.

소크라테스는 남자나 여자나, 귀족이나 노예나 모두 자신의 이성을 이용해 진리에 다다를 수 있다고 했어요. 소크라테스의 철학은 플라톤에게 그대로 전해져 '이데아 세계'를 탄생시켰지요.

하지만 모든 철학자가 이성만이 진리에 이르게 한다고 생각한 것은 아니에요. 많은 철학자들이 소크라테스나 플라톤의 생각을 강하게 비판하기도 했어요. 그들은 감각을 통해서 알게 된 지식이 인간을 진리로 인도한다고 주장했어요. 진리를 얻는 길이 이성인가, 감각인가 하는 논쟁은 고대 그리스 시대 이후 2,500여 년 동안 계속 되었답니다.

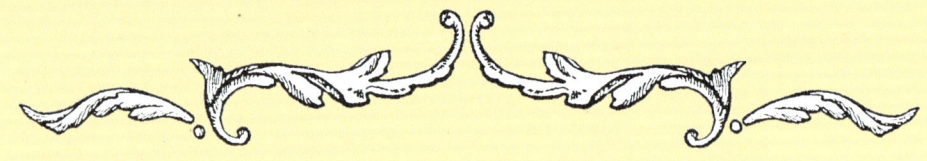

'원자'라는 레고로 만들어진 세상

파르메니데스는 변화는 불가능하다고 했고,
헤라클레이토스는 모든 것은 변한다고 했어요.
둘은 서로 타협하지 않고 팽팽하게 맞서 싸웠지요.
누구의 생각이 더 진리에 가까울까요?
두 사람의 생각 모두가 진리인 것은 아닐까요?

자연 철학의 대가, 데모크리토스

데모크리토스라는 철학자는 파르메니데스와 헤라클레이토스의 생각을 모두 받아들이고 절충하여 자신의 철학을 펼쳤어요.

그는 사물은 절대 변할 수 없다는 파르메니데스의 생각을 받아들였어요. 하지만 자연이 끊임없이 변하고, 꽃이 피고 지고, 생명이 나고 죽는 것처럼 만물은 끊임없이 변한다는 헤라클레이토스의 생각을 부정할 수 없었지요.

사물의 변화를 인정하려면 텅 빈 공간을 인정해야 해요. 그래서 그는 영원히 변하지 않는 재료와 텅 빈 공간이라는 두 개의 열쇠를 가지고 자신의 철학을 시작했어요.

데모크리토스
(기원전 460~기원전 370년경)
세계는 원자와 텅 빈 공간으로 이루어져 있다고 주장했어요. 데모크리토스는 항상 큰 소리로 웃었다고 해요. 그래서 그의 별명은 '웃는 철학자'였어요.

더 이상 쪼갤 수 없는 원자

데모크리토스가 말한 영원히 변하지 않는 재료는 무엇일까요? 사물을 쪼개고 쪼개다 보면 더 이상 쪼개질 수 없는 것이 나와요. 데모크리토스는 그것을 '원자'라고 했어요. 원자는 더 이상 쪼갤 수 없는 것이라는 뜻이에요.

데모크리토스는 사물은 바로 이 원자로 이루어져 있다고 했어요. 그리고 파르메니데스가 인정하지 않았던 빈 공간을 받아들였어요. 즉, 세계는 원자와 텅 빈 공간으로 이루어졌다고 생각한 거예요. 그 속에서 원자가 합쳐지기도 하고 떨어지기도 하면서 모든 변화가 일어난다고 주장했지요.

이 텅 빈 공간은 사물과 사물 사이뿐만 아니라 사물의 안에도 존재한다고 했어요. 돌처럼 단단한 물체는 구멍들이 작을 것이고, 목재처럼 부드러운 물체는 구멍들이 클 것이라고 말이에요.

원자를 이해하는 게 어렵다고요?

그럼 우리가 어렸을 때 가지고 놀던 '레고'를 떠올려 보세요. 레고의 조각은 더 이상 작은 것으로 쪼갤 수 없어요. 또 아주 단단해서 다른 것이

레고
1949년 덴마크의 목수, 올레 키르크 크리스티얀센이 조립식 블록 완구를 세상에 내놓은 것이 시초예요.

들어올 수 없고 크기나 모양이 변하지 않지요. 그러나 우리는 그 레고 조각들을 쌓고 연결해서 갖고 싶은 걸 만들어 내잖아요. 이처럼 작은 원자를 계속 붙여 나가면 모든 사물을 만들어 낼 수 있지 않을까요?

  오늘날 현대 과학은 데모크리토스의 주장이 틀렸다는 것을 밝혀냈어요. 원자보다 더 작은 미립자를 발견했지요. 하지만 그는 당시 철학자들의 생각을 이어받아 아주 높은 수준으로 발전시킨 위대한 철학자였답니다.

바보 마을에서 태어난 천재

데모크리토스는 그리스의 끝자락 아브데라 지방에서 태어났어요. 그런데 이곳은 옛날부터 바보들이 사는 곳으로 알려져 있었지요. 사람들은 가장 어리석고 답답한 사람들이 사는 마을이라며 그곳 사람들을 무시하곤 했어요.

하지만 바로 그 지방에서 세계를 뒤흔든 위대한 철학자 데모크리토스가 태어났지요. 그의 아버지는 아주 큰 부자였어요. 그래서 그는 아주 많은 유산을 물려받았지요. 하지만 그는 재산에는 관심이 전혀 없었어요. 그는 그 많은 돈으로 이집트, 페르시아, 인도 등을 여행했어요. 그는 세계 각지를 여행하고 학식 있는 사람들을 만나 공부하느라 재산을 모두 써 버렸지요. 그래서 여행에서 돌아온 후에는 돈을 벌기 위해 사람들을 가르쳤어요.

한번은 누가 그에게 물었어요. "만약 그대에게 페르시아 왕의 자리를 준다면 그대는 받아들이겠습니까?" 그러자 데모크리토스는 이렇게 대답했어요. "나에게는 페르시아 왕국보다 기하학의 원리를 밝히는 것이 더 중요하답니다."

그는 모든 부와 명예를 버리고 평생 학문을 연구한 진정한 학자였어요. 그래서 사람들은 그를 살아있는 신으로 떠받들 만큼 존경했답니다.

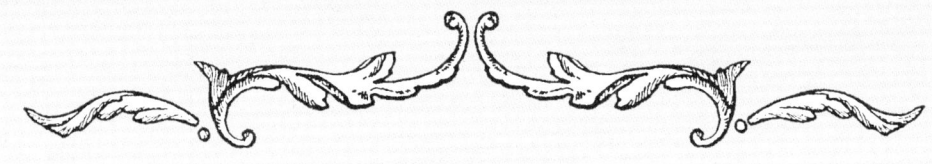

세상은 누가 변화시킬까요?

데모크리토스의 원자론은 그리스 철학의 커다란 성과였어요. 원자의 특성에 대해서 조금 더 알아볼까요?

탈레스가 만물의 근원이라고 말한 '물'은 눈으로 볼 수 있고, 우리가 일상생활에서 경험할 수 있는 것이에요. 하지만 데모크리토스의 원자는 우리의 눈과 코, 귀로 경험할 수 있는 것이 아니랍니다. 아주 작은 입자라 눈에 보이지 않지요.

데모크리토스는 또 원자라고 다 같은 것이 아니라 아주 다양한 원자가 존재한다고 했어요. 하나의 원자가 꽃도 되고, 사자도 되고, 돌멩이도 될 수는 없다고요. 그러니까 어떤 원자는 동글동글하고, 어떤 원자는 뾰족뾰족하고, 어떤 원자는 구불구불하다는 거예요. 하지만 이 원자들은 공통점이 있어요. 첫째, 영원히 존재하고, 둘째, 절대 변하지 않으며, 셋째, 더 이상 쪼개질 수 없다는 것이에요.

그리고 수많은 원자들은 텅 빈 공간 속에서 운동을 하지요. 때로는 서로 부딪쳐 튕겨 나가기도 하고, 때로는 빙빙 돌다가 모여 다른 물체를 만

들기도 하고, 때로는 흩어져 그 물체를 소멸시키기도 하면서요. 이를 통해 사물은 끊임없이 변화를 하게 된다고 했어요.

그럼 원자를 운동시키는 힘은 무엇일까요? 엠페도클레스가 변화를 일으키는 힘을 사랑과 미움이라고 주장한 걸 기억하나요? 하지만 데모크리토스는 어떤 특별한 힘이나 정신이 사물과 세상을 변화시킨다고 생각하지 않았어요. 세상을 변화시키는 힘은 원자 안에 있는 자연 법칙이라고 믿었지요.

그러니까 우주가 생겨난 원인은 이를 계획하거나 이끌어 가는 정신에 의한 것도, 사랑과 미움에 의한 것도 아니라는 거예요. 모든 사물을 이루는 원자 자신의 법칙에 의해 운동한 결과라는 것이지요.

데모크리토스의 생각은 철학자들의 불꽃 튀는 논쟁을 잠재울 만큼 현명한 답이었어요. 그리고 2,400여 년이나 지난 오늘날의 과학으로 설명할 수 있는 선견지명이었지요. 데모크리토스의 원자론은 고대 그리스 철학의 위대한 성과이며, 후대의 철학과 물리학에도 큰 영향을 주었답니다.

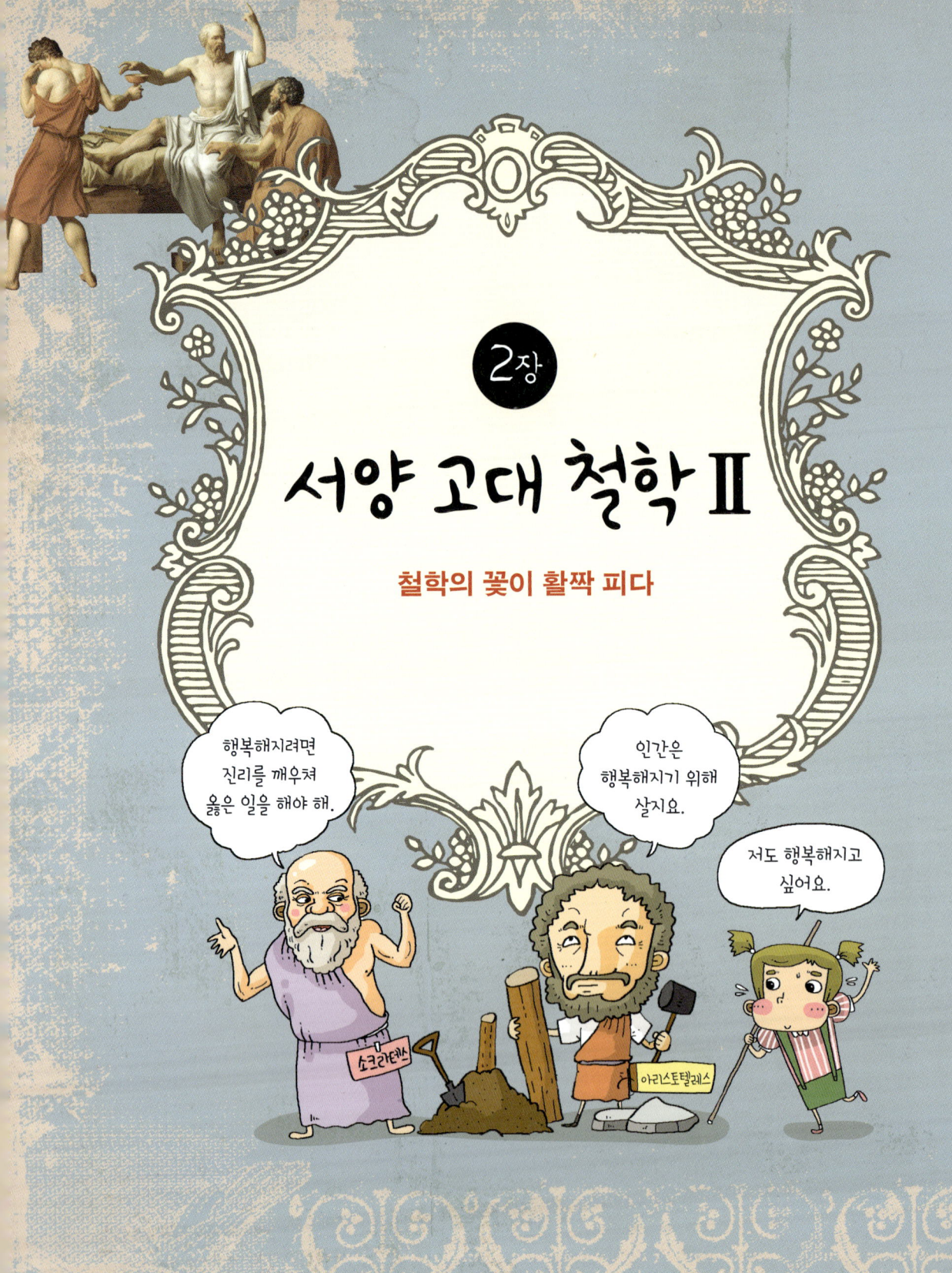

자연의 변화에서 진리를 찾던 고대 그리스 철학자들은 다른 곳으로 관심을 옮겼어요. 바로 '인간'이지요. 그들은 '왜 살아야 하는지', '어떻게 살아야 행복한지'를 고민하며 고대 그리스 철학의 꽃을 활짝 피웠답니다. 대표적인 철학자는 소크라테스, 플라톤, 아리스토텔레스 등이에요.

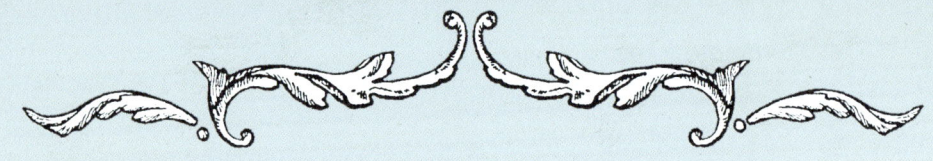

어떻게 진리에 도달할까요?

자연에서 진리를 찾는 자연 철학자들의 여행이 끝나 가고 있을 때,
찬란한 문화를 꽃피운 그리스 아테네에
새로운 철학의 물결이 거세게 밀려 오고 있었어요.

아테네의 스승, 소크라테스

아테네 철학의 중심은 '인간'이었어요. 아테네의 철학자들은 인간을 제외한 자연은 진정한 철학이 될 수 없다고 생각했어요. 그래서 인간과 인간 사이의 문제, 인간의 존재 이유, 생활 태도를 깊이 생각하며 '어떻게 살아야 하는가?', '왜 살아야 하는가?'와 같은 질문을 던졌어요.

'프로타고라스'라는 철학자는 인간을 떠난 모든 것은 의미가 없다며 "인간은 만물의 척도이다."라는 말을 남기기도 했어요. 이제 철학은 인간을 모든 지식과 진리의 기준으로 삼기 시작했답니다.

아테네의 철학자 중에서 가장 존경을 받은 사람은 소크라테스였어요. 그는 옷이나 외모에는 관심이 없었어요.

소크라테스(기원전 470~기원전 399년)
철학의 모든 문제를 평생 동안 토론을 통해 풀었어요. 공자, 예수, 석가와 함께 세계 4대 성인으로 칭송받고 있지요.

그리스 델포이의 신전 유적지. 소크라테스가 가장 현명하다는 신탁이 이곳에서 나왔다고 해요.

욕심 없이 진리만 좇으며 열성과 지혜를 쏟는 그의 삶은 많은 사람들에게 감동을 주었지요. 그래서 아테네 시민들은 그를 '참지혜와 진리로 이끌어 주는 스승'이라고 칭송했어요. 당시 고대 그리스에서는 델포이의 신전에서 신의 뜻을 물어 응답을 받는 신탁이 이루어졌어요. 이 델포이 신탁이 "이 세상에서 소크라테스보다 더 현명한 사람은 없다."라고 응답했다고 해요.

질문과 대답을 통한 대화

소크라테스는 언제나, 어디서나, 누구나 지켜야 할 보편적 진리가 있다고 가르쳤어요. 그 진리에 도달하는 방법은 질문과 대답을 통한 대화였지요.

그는 사람들이 붐비는 거리와 광장에서 아무에게나 질문을 던졌어요. 그 질문은 거침없고 끊임없었지요. 대화 상대는 결국 자기 생각의 허점을 스스로 깨닫고 무엇이 옳고 그른지 알게 됐답니다. 그는 지식을 가르치기보다 상대에게 실마리를 주고 스스로 지식을 찾아내도록 이끈 거예요.

그런데 이런 대화가 성공하려면 대화하는 상대가 반드시 알고 있어야 하는 사실이 있어요. 바로 소크라테스의 가장 유명한 말 "너 자신을 알라."예요. 어떤 자신을 알아야 하냐고요? 아무것도 모르는 자신을 똑바로 알고 있어야 하지요. 인간의 지식은 진리에 비하면 아주 작은 부분에 지나지 않기 때문이에요.

사람은 자신이 아무것도 모른다는 것을 알게 됐을 때 한없이 겸손해져요. 그러면 진리를 열렬히 사랑하게 되고, 또 진리를 얻기 위해 부단히

라파엘로가 그린 〈아테네 학당〉의 일부
소크라테스는 아무에게나 거침없는 질문을 던져 스스로 깨닫게 만들었어요.

노력하게 되지요. 바로 그때 사람은 진정한 행복에 도달할 수 있고요.

소크라테스는 자신이 다른 철학자들보다 나은 점이 있다면 그것은 '자신이 아무것도 모른다는 것을 잘 알고 있다는 것'이라고 했어요. 가장 중요한 것은 자신이 모른다는 것을 깨닫는 것이랍니다.

나쁜 아내, 크산티페

소크라테스의 아내 크산티페는 역사적으로 유명한 악처예요. 하지만 그녀가 악처가 된 데에는 소크라테스의 책임도 크지요. 아테네에서 가장 지혜롭다는 소크라테스였지만, 그는 돈을 받지 않고 강의를 하고 크산티페에게 돈을 전혀 주지 않았으니까요. 그는 철학자로서는 위대했는지 모르지만 가정을 이끄는 가장으로서는 무능했지요.

하루는 크산티페가 소크라테스에게 욕을 하는데도 그는 묵묵부답 한마디도 하지 않았어요. 그녀는 더욱 화가 나 걸레 빤 물을 소크라테스의 머리에 끼얹었지요.

그러자 소크라테스는 "천둥과 벼락이 친 다음에는 비가 오기 마련이지."라고 말했답니다.

브로멘탈이 그린 〈물 붓는 크산티페〉
사색에 빠져 있는 소크라테스의 머리에 물을 붓고 있는 크산티페의 화난 모습을 담고 있어요.

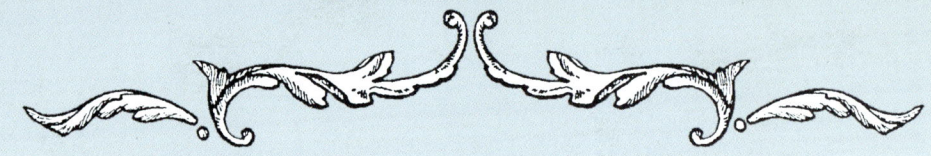

왜 우리는 나쁜 짓을 할까요?

소크라테스가 끈덕지게 질문을 던진 이유는
상대의 무식함을 폭로하고 망신을 주기 위한 것이 아니에요.
소크라테스에게 가장 중요한 것은 진리를 깨우치고 실천하게 하는 것이었어요.
진리를 실천하는 것은 돈이나 명예를 지키는 것보다,
생명을 지키는 일보다 중요하니까요.

진리가 옳은 행동을 이끈다

소크라테스는 사람이 나쁜 짓을 하는 것은 그 행동이 나쁘다는 것을 모르고 자신과 다른 사람, 그리고 세상에 피해를 준다는 것을 모르기 때문이라고 생각했어요. 무엇이 착한 것인지 아는 사람은 반드시 착한 행동을 한다고 믿었지요.

그래서 소크라테스에게 사람들이 참된 진리를 깨우치는 것은 무엇보다 중요했어요. 진리를 깨달은 사람은 옳은 일을 할 테니까요. 그가 매일 거리나 시장에 나가 시민들을 붙잡고 끊임없이 질문을 던진 이유가 여기에 있었답니다.

소크라테스는 자기 자신이 내린 정의와 다르게 행동하는 사람은 행복하지 않다고 했어요. 그러니까 행복해지고 싶은 사람은 옳은 일을 하게 되겠죠?

소크라테스 감옥
소크라테스가 독약를 마시고 죽은 감옥으로 여겨지는 곳이에요.

악법도 법이다

소크라테스가 사람들의 존경을 받자 이를 시샘하는 사람들도 늘어났어요. 그들은 소크라테스가 신을 모독하고 젊은이들을 방탕한 길로 이끈다는 죄목으로 법정에 서게 했지요. 그리고 사형을 선고 받게 했어요.

법정에 선 소크라테스는 500여 명의 배심원들 앞에서 자신의 논리를 거침없이 펼쳤어요. 그의 아름답고 훌륭한 논리는 제자 플라톤에 의해 《소크라테스의 변명》이라는 책으로 만들어졌지요.

소크라테스의 제자들은 감옥에 갇힌 소크라테스를 국경 밖으로 탈출시키려는 계획을 세웠어요. 어떤 제자는 소크라테스에게 어린 자식들을 생각해서라도 탈출하라고 간절하게 부탁했어요. 하지만 그는 죽음의 순간까지 흔들림 없이 의연한 태도를 보였어요.

그는 오히려 진리를 버리고 법을 어길 수 없다며 제자들을 크게 야단쳤어요. 아무리 나쁜 법이라도 법은 이미 시민들이 정한 약속이며, 그는 시민으로서 이 약속을 지킬 의무가 있다는 것이 소크라테스의 진리였으니까요.

그는 자신의 신념대로 조용히 독약을 마셨어요. 그리고 마지막 순간에 제자에게 자신이 빚진 닭 한 마리를 갚아 달라는 말을 남기고 눈을 감았지요. 소크라테스의 장엄한 죽음은 역사의 빛나는 장면으로 사람들의 가슴에 깊이 새겨졌어요.

소크라테스는 글을 단 한 줄도 쓰지 않았어요. 하지만 그의 철학은 제자이자 위대한 철학자인 플라톤을 통해 세상에 전해졌고, 인류의 발전에 커다란 발자취를 남겼지요. 그는 누구보다 청렴했고, 죽음으로 진리와 정의를 지킨 진정한 '인류의 스승'이었답니다.

소크라테스 이전에는 우주와 자연의 원리가 철학자들의 주요 관심 대상이었어요. 하지만 소크라테스가 나타난 이후에는 철학의 관심이 인간 자체의 본질로 옮겨 갔지요. 소크라테스의 사상은 제자 플라톤을 거치면서 더욱 발전해 고대 그리스 철학의 황금기를 열었답니다.

플라톤이 쓴 《소크라테스의 변명》

자크 루이 다비드가 그린 〈소크라테스의 죽음〉
소크라테스가 독이 든 잔을 건네받으며 마지막으로 그의 생각을 전하고 있어요.
천국을 가리키고 있는 그의 왼손은 진리를 상징하지요.

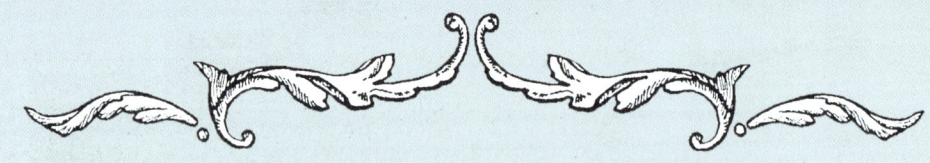

진리는 현실 세계 뒤편에 있어요

아테네의 귀족 가문에서 태어난 플라톤은 20세에
시장에서 사람들에게 강의하는 62세의 소크라테스를 만났어요.
그는 단숨에 소크라테스의 정신과 영혼을 사랑하게 되었지요.

이데아의 철학

스승의 억울한 죽음을 본 플라톤은 정치에 회의를 느끼고 학문에만 몰두했어요. 그리고 젊은이들이 오직 공부에만 집중할 수 있는 '아카데메이아'를 세웠지요. 이것이 오늘날의 대학으로 발전했답니다.

그럼, 플라톤은 무엇을 탐구했을까요? 플라톤은 파르메니데스와 소크라테스처럼 이성이 지식을 얻는 유일한 방법이라고 생각했어요. 또 플라톤은 자연 속에서 영원히 변치 않는 것, 그리고 우리가 사는 사회 속에서 영원하고 변치 않는 것에 관

아테네 아카데미
플라톤의 아카데메이아 정신을 계승한 지혜의 전당이에요.
건물 앞에는 소크라테스와 플라톤 조각이 세워져 있어요.

심을 기울였어요.

우리는 앞에서 엠페도클레스의 네 가지 원소와 데모크리토스의 원자를 공부했어요. 플라톤도 이 문제를 연구했지만 그들과는 아주 다른 생각을 했지요.

플라톤은 결코 분해할 수 없는 원소 같은 것은 없다고 주장했어요. 그리고 세상을 둘로 나누어 설명했지요. '현실 세계'와 '이데아 세계'예요. 현실 세계에 속하는 모든 것은 시간이 흐르면 사라지는 물질로 이루어져 있어요. 그러므로 현실 세계는 모든 것이 변하고 불완전한 세계예요. 플라톤은 이 현실 세계는 참다운 세계가 아니라고 했어요.

그는 현실 세계 너머에 참된 세계가 있다고 믿었어요. 바로 '이데아 세계'이지요.

플라톤(기원전 428~기원전 347년경)
아카데메이아를 세우고, 현실 세계의 뒤편에 참된 세계인 이데아 세계가 있다고 주장했어요.

플라톤이 쓴 《파이드로스》예요.
이 책은 100년대에 제작된 파피루스 형태예요.

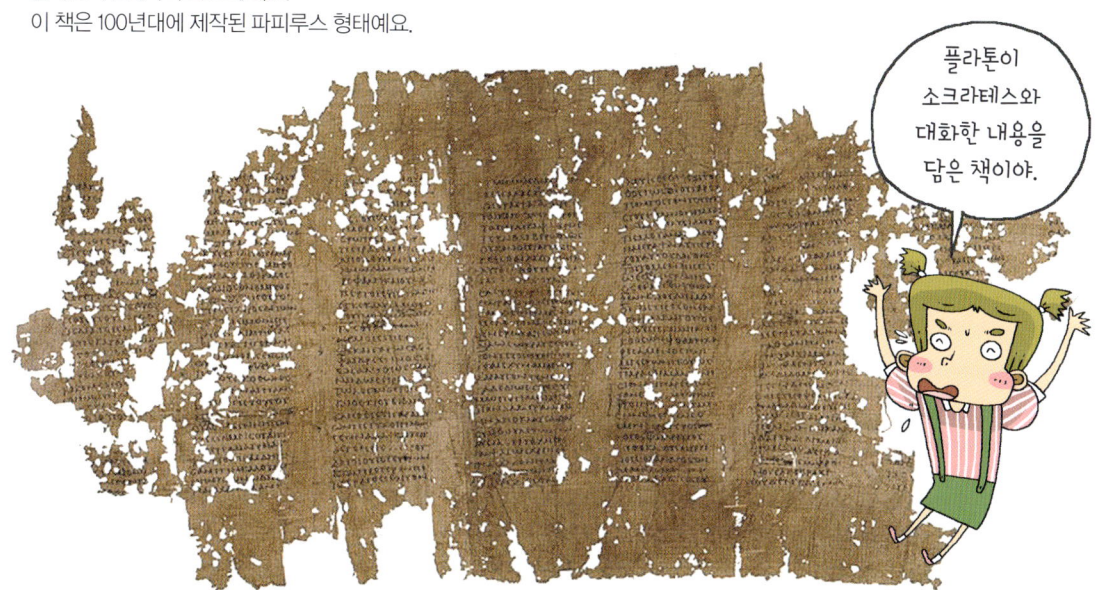

플라톤이 소크라테스와 대화한 내용을 담은 책이야.

이데아 세계는 우리의 감각으로 알 수 있는 세계가 아니라, '이성'으로 이해하는 세계예요. 이 세계는 영원히 변하지 않으며 시간과 공간을 초월해 존재한다고 했지요.

현실 세계와 이데아 세계를 쉽게 설명해 볼까요? 만약 여러분이 붕어빵 100개를 빨리 만들어야 한다면 어떻게 하겠어요? 모두들 붕어빵을 만드는 틀을 생각했을 거예요. 그 틀만 있으면 붕어빵을 빨리 만들 수 있을 테니까요.

그런데 붕어빵을 많이 만들다 보면 어떤 붕어빵은 많이 타서 색이 변하고, 어떤 붕어빵은 부스러져서 꼬리가 떨어지기도 하겠지요. 그에 비해 붕어빵 틀은 언제나 변하지 않고 완벽한 모양을 하고 있어요. 그럼 붕어빵보다 더 아름다운 것은 붕어빵 틀이 아닐까요? 플라톤은 우리가 만든 붕어빵이 현실 세계라고 했어요. 붕어빵 틀은 이데아 세계이고요.

동굴의 비유

플라톤은 자신의 이데아론을 유명한 '동굴의 비유'로 설명했어요. 다음 그림을 잘 보고 여러분도 깊이 생각해 보세요.

깊은 동굴 속에 사슬에 묶인 사람들이 있어요. 그들은 모두 동굴 안쪽 벽만 바라보고 있어요. 그들 뒤편에서 타고 있는 장작 때문에 뒤에서 움직이는 것들의 그림자가 동굴의 벽에 나타나지요.

만약 태어날 때부터 동굴에 앉아서 그림자만 본 사람들이 있다면, 그들은 이 그림자가 유일하게 진짜 존재하는 것이라고 생각하지 않을까요? 사람들 뒤에서 움직이는 진실은 따로 있는데 말이에요.

플라톤은 사람들이 이렇게 진실 대신 그림자만 보고 있다고 생각했답

니다. 그래서 자신을 해방시키고 어서 고개를 돌려 참된 세계를 보라고 주장했지요. 그 참된 세계가 이데아 세계이고, 동굴 안 사람들이 진짜 존재라고 믿고 있는 그림자는 현실 세계이니까요.

　플라톤의 사상은 이후 서양 철학에 커다란 영향을 주었어요. 그래서 독일의 철학자 헤겔은 "철학은 플라톤으로부터 비로소 시작한다."라고 했고, 미국의 철학자 화이트헤드는 "서양 철학사는 플라톤의 해석에 불과하다."라고 했답니다.

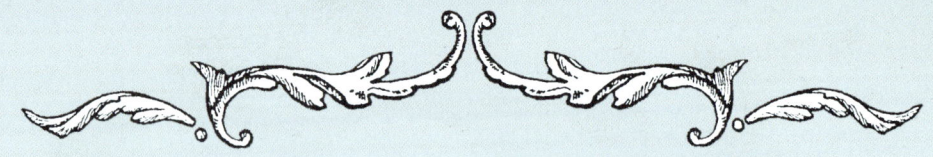

누가 정치를 제일 잘할까요?

사랑하는 스승, 소크라테스를 잃은 플라톤은 아주 큰 슬픔에 빠졌어요. 더군다나 스승은 아무 죄도 없이 죽음을 맞았기에 슬픔은 더욱 컸지요. 그래서 플라톤은 스승을 죽음으로 이끈 그리스의 정치 체제, 민주주의를 신뢰하지 않았어요. 당시 그리스의 민주주의 제도는 여러 가지 단점을 드러냈어요. 사람들에게 자유를 주자 모두 제멋대로 살았고, 평등을 주자 사회가 무절제하게 변해 갔어요. 그런 사회 분위기 속에서 플라톤은 진리를 깨치지 않은 군중들이 세상에서 가장 위대한 스승을 죽음으로 몰고 갔다고 생각했지요.

그래서 플라톤은 "누가 정치를 제일 잘할 수 있을까?"라는 질문을 했어요. 그는 절제를 아는 사람이 경제를 맡고, 용감한 사람이 국방을 맡고, 지혜로운 사람이 정치를 맡아야 한다고 했어요. 플라톤에게 지혜로운 사람은 철학자였지요. 그는 철학자가 다스리는 '철인 정치'를 꿈꿨답니다.

그는 세상의 본질을 생각하고 진리를 추구하는 철학자가 나라를 다스린다면 올바른 정치를 할 것이라고 굳게 믿었어요. 그는 철학자가 통치하는 이상 세계를 실현하고자 하는 열망이 강했어요. 그래서 자신이 직접 시칠리아 섬에 이상 국가를 실현하려고 했답니다. 하지만 플라톤의 이상 국가는 현실과 동떨어진 점이 많았어요. 결국 그의 꿈은 실패로 돌아가고 말았지요. 그래도 그는 "철학자가 왕이 되든지, 제왕이 철학을 공부하든지 해야 한다."라고 말하며 자신의 주장을 굽히지 않았답니다.

플라톤이 이상 국가를 실현하려고 한 시칠리아 섬

기게스의 반지

옛날 리디아 왕국에 기게스라는 양치기가 있었어요. 어느 날 기게스는 땅속의 시체에서 금반지를 얻게 됐어요. 기게스가 우연히 손에 낀 반지를 돌렸더니 사람들은 그가 없어졌다고 웅성거렸어요. 그는 이 반지가 투명 인간이 되게 한다는 것을 알았어요. 기게스는 반지의 힘을 이용해 왕을 죽이고 왕국을 차지했답니다.

플라톤의 책, 《국가》 제2권에 나오는 이 이야기는 많은 작가들에게 상상력을 불러일으켰어요. 특히 톨킨이 쓴 《반지의 제왕》은 기게스의 반지에서 영감을 받아 탄생한 소설이지요. 이 소설은 영화로도 만들어져 세계적인 인기를 얻었답니다.

영화 〈반지의 제왕〉에 나오는 반지

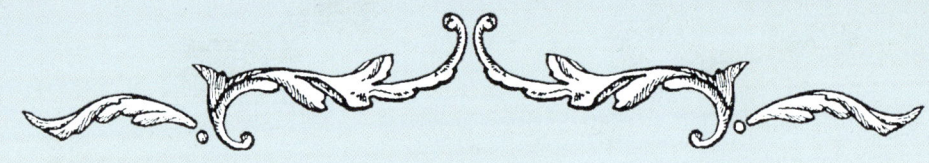

진리야, 땅으로 내려와라

아리스토텔레스는 플라톤이 죽을 때까지 플라톤의 가르침을 받았어요.
그는 아카데미아에서 소크라테스-플라톤-아리스토텔레스로 이어지는
고대 그리스 철학의 황금기를 이어 간 철학자랍니다.

알렉산드로스 대왕의 위대한 스승

아리스토텔레스는 궁정 의사였던 아버지의 영향으로 어려서부터 경험적이고 실용적인 학문에 많은 관심을 가졌지요. 그는 세상의 모든 것을 동물, 식물, 광물로 분류할 수 있다며 500여 종의 바다 생물을 분류하기도 했어요. 아리스토텔레스는 플라톤에게 철학을 배우기 위해 고향을 떠나 아테네로 왔어요. 아리스토텔레스는 플라톤의 아카데메이아에서 가장 뛰어나고 돋보이는 제자였지요.

기원전 343년, 아테네에서 명성을 얻은 아리스토텔레스는 마케도니아로 돌아가 그 당시 13세이던 알렉산드로스 대왕을 가르쳤어요. 그리고 3년 뒤에 아테네로 돌아와 '리케이온'이라는 학교를 세웠지요. 아리스토텔레스와 제자

아리스토텔레스
(기원전 384~기원전 322년)
고대 그리스 철학이 현재 서양 철학의
근본을 이루는 데 큰 공을 세웠어요.

들은 강의할 때 걸으면서 이야기하기를 좋아해 '소요학파', 즉 산책하면서 공부하는 사람들이라고 불렀답니다.

낮은 곳에 있는 진리

아리스토텔레스는 20년 동안 플라톤을 섬기며 가르침을 받았어요. 그래서 플라톤의 영향을 많이 받았지요. 하지만 플라톤의 철학을 그대로 계승하지는 않았어요. 오히려 플라톤 철학을 거꾸로 뒤집어 놓았지요.

플라톤은 자연의 변화에는 관심을 기울이지 않고 '이데아'에 빠져 연구했지만, 아리스토텔레스는 자연의 변화에 관심을 쏟았어요. 또 플라톤은 오직 이성에 의지해 연구를 했지만, 아리스토텔레스는 감각도 중시했어요. 아리스토텔레스는 이데아 세계가 따로 존재한다는 것을 인정하지 않았어요.

라파엘로가 그린 〈아테네 학당〉

아리스토텔레스는 이데아 세계를 현실 세계로 끌어내려야 한다고 생각했지요. 나무의 이데아가 있다면, 그것은 이데아 세계에 있는 것이 아니라, 나무 안에 있다고요.

플라톤과 아리스토텔레스의 철학은 이렇게 서로 달랐어요. 그들의 철학적 차이를 잘 표현한 그림이 있어요. 라파엘로가 그린 〈아테네 학당〉이에요. 중앙에 있는 플라톤과 아리스토텔레스의 손을 잘 보세요. 한 사람의 손은 하늘을 향해, 또 한 사람의 손은 땅을 향하고 있네요. 누가 플라톤인지, 누가 아리스토텔레스인지 한눈에 알아보겠지요?

진리는 딴 세상에 있는 게 아냐!

아리스토텔레스의 철학을 좀 더 알아볼까요? 그는 세상에 존재하는 것은 오로지 현실 세계뿐이라고 생각했어요.

만약 여러분이 집을 짓는다면 무엇이 필요할까요? 나무 기둥이나 흙, 여러 가지 연장 등이 있어야 하겠죠. 이것은 현실 세계에서 구해야 하는 것들이지요. 재료가 준비됐으니 이제 집을 지어 볼까요? 아마 여러분 머릿속에는 집에 대한 여러 가지 생각들이 떠오를 거예요. 비나 눈을 막을 지붕이 있고, 바람을 막아 줄 벽도 있어야 한다는 생각들 말이에요. 이런 생각들을 바탕으로 여러 재료를 가지고 집을 짓는 거지요.

아리스토텔레스는 집을 지을 때 필요한 재료를 '질료'라고 했어요. 그리고 여러분 머릿속에 떠오른 집에 대한 생각을 '형상'이라고 했고요. 자, 이제 여러분이 지은 집을 잘 보세요. 이 집은 질료와 형상이 통일된 것이에요. 여러분이 모은 재료만으로는, 또 집이라는 여러분의 생각만으로는 집을 완성할 수 없으니까요. 물론 이 땅, 현실 세계에서 말이에요.

훌륭한 스승의 훌륭한 제자!

세계 역사에서 가장 위대한 영웅으로 꼽히는 알렉산드로스 대왕의 스승은 바로 아리스토텔레스였어요. 아리스토텔레스가 알렉산드로스의 가정 교사가 된 건 알렉산드로스가 13세이던, 기원전 343년이었지요. 그 당시 알렉산드로스는 아주 말썽꾸러기였어요. 성격도 사나워서 아무도 그의 곁에 가지 않으려 했고요. 아리스토텔레스는 이런 알렉산드로스에게 가장 위대한 인간은 어떤 사람인지 알려 주었어요. 또 역사와 예술, 수학도 가르쳤고요. 그래서 알렉산드로스 대왕은 정복 전쟁을 치르면서도 그 지역의 문화와 예술을 훼손하지 않았어요. 그 덕분에 신비로운 동양의 문화가 그리스 문화와 조화를 이루어 찬란한 헬레니즘 문화가 꽃피게 됐답니다.

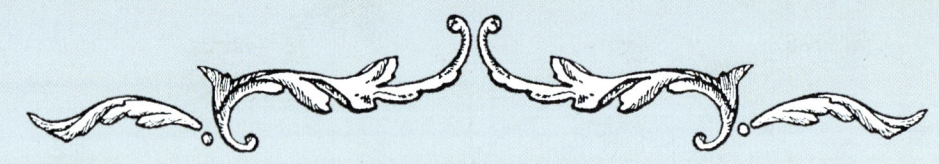

어떻게 살아야 행복해요?

우리는 왜 살까요? 무엇을 위해 사는 걸까요?
아리스토텔레스도 이 물음을 깊이 생각하고 연구했어요.
그는 스승 플라톤과 달리 현실과 동떨어진 이데아의 세계에서
해답을 찾지 않았어요. 그가 내린 결론은 '인간은 행복하기 위해 산다.'예요.
물론 현실 세계에서죠.

행복은 어디에?

아리스토텔레스는 세상의 모든 것이 존재하는 목적은 정해져 있다고 했어요. 비가 내리는 목적은 무엇일까요? 식물에게 생명을 주기 위해서지요. 인간이 사는 목적은 무엇일까요? 아리스토텔레스는 행복하기 위해서라고 했어요. 인간은 행복을 좇도록 정해진 존재라는 의미예요. 하지만 그가 말하는 행복은 우리가 생각하는 행복과는 달라요.

아리스토텔레스는 행복은 편안히 누리는 게 아니라, 열심히 노력해서 도달해야 할 가치라고 했어요. 물질로 이룰 수 있는 것이 아니라, 정신적인 것으로 이루는 것이지요. 그러니까 행복해지려면 많이 갖고 마음대로 먹고 노는 것이 아니라, 진리를 깨우치고 고귀한 '덕'에 맞게 행동을 해야 한다는 뜻이지요. 맙소사, 그가 말한 행복은 웬만한 노력 없이는 이룰 수 없다는 걸 눈치챘나요?

넘쳐도, 모자라도 안 돼요!

아리스토텔레스가 말하는 고귀한 덕에 맞는 행동이 무엇인지 한번 알아볼까요? 그는 덕에는 이론적 덕과 실천적 덕이 있다고 했어요. 이론적 덕은 지혜를 쌓고 이성의 힘을 길러서 생기는 덕을 말해요. 따라서 이론적 덕에 맞는 삶은 '철학적인 삶'이라고 할 수 있어요.

반면 실천적 덕은 본능적 충동을 억제하기 위해 최대한 이성적으로 행동하는 것을 말해요. 참 아리송하지요? 이것이 무엇인지 구체적으로 알아보아요.

인간에게는 이성이 지배하지 않는 영역이 있어요. 숨을 쉬고, 밥을 먹고, 잠을 자는 것 등이지요. 어쩜 우리 인간은 절반은 동물인지도 몰라요. 아리스토텔레스는 이런 본능이 지배하는 영역에서는 이성의 힘으로 본능을 억제해야 한다고 생각했어요. 그것은 중용을 지키면 이룰 수 있다고 했지요. 중용은 지나치지도 않고 모자람도 없는 중간 상태를 말해요. "지나친 것은 미치지 못함과 같다."라는 《논어》의 가르침과 크게 다르지 않답니다.

세르반테스의 소설, 《돈키호테》
자신이 중세의 기사라고 착각한 돈키호테는 세상의 악을 물리치겠다고 나서요. 그림은 **풍차**가 거인이라고 생각해 달려드는 돈키호테의 모습이에요.

예를 들어, 식사할 때를 생각해 볼까요? 좋아하는 반찬이 있다고 너무 많이 먹는 것은 '포식'이에요. 이렇게 먹으면 배탈이 날 수도 있어요. 또 반대로 살을 빼겠다고 무조건 식사를 거르는 것은 '절식'이에요. 두 가지 모두 건강에 좋지 않지요. 포식과 절식의 중용은 무엇이든 적당히 조절해서 먹는 '절제'랍니다.

예를 또 들어 볼까요? 풍차를 보고 칼을 빼어 달려든 돈키호테의 행동은 '만용', 그러니까 아주 어리석은 용기이고, 적군이 두려워 도망치는 군인은 '비겁'하죠. 만용과 비겁의 중용은 나아갈 때 나아가고, 물러설 때 물러설 줄 아는 '용기'랍니다.

이런 중용은 하루아침에 쌓이는 것이 아니에요. 그래서 아리스토텔레스는 어릴 적부터 꾸준히 중용의 덕을 몸에 익히는 습관을 가져야 한다고 강조했답니다.

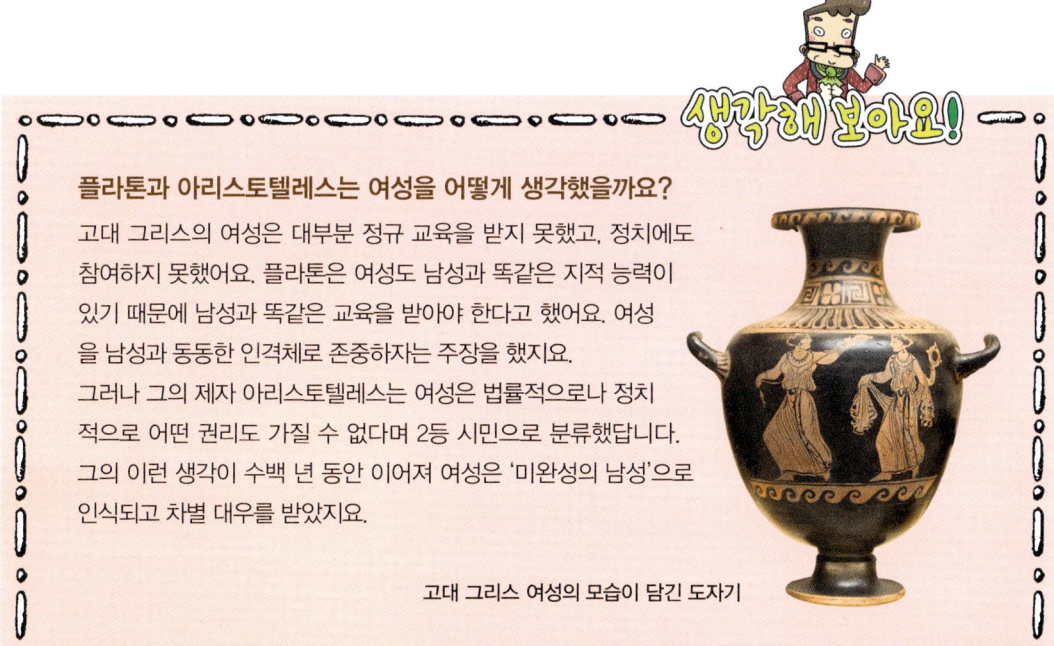

플라톤과 아리스토텔레스는 여성을 어떻게 생각했을까요?
고대 그리스의 여성은 대부분 정규 교육을 받지 못했고, 정치에도 참여하지 못했어요. 플라톤은 여성도 남성과 똑같은 지적 능력이 있기 때문에 남성과 똑같은 교육을 받아야 한다고 했어요. 여성을 남성과 동등한 인격체로 존중하자는 주장을 했지요.
그러나 그의 제자 아리스토텔레스는 여성은 법률적으로나 정치적으로 어떤 권리도 가질 수 없다며 2등 시민으로 분류했답니다. 그의 이런 생각이 수백 년 동안 이어져 여성은 '미완성의 남성'으로 인식되고 차별 대우를 받았지요.

고대 그리스 여성의 모습이 담긴 도자기

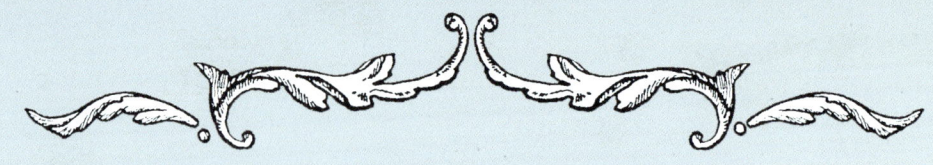

개처럼 살라, 행복하리니!

소크라테스가 죽은 후 아테네에는 새로운 학파들이 생겨났어요.
견유학파, 스토아학파, 에피쿠로스학파가 바로 그것들이지요.
이들은 모두 올바르고 도덕적인 삶을 추구한
소크라테스의 사상을 이어받았답니다.

디오게네스
(기원전 412~기원전 323년경)
견유학파의 대표적인 철학자. '욕심 없이 살기, 지금 이 순간에 만족하기, 부끄러워하지 않기'를 주장했어요.

고대 그리스에 부는 변화의 바람

알렉산드로스 대왕이 동방 원정을 시작한 기원전 334년부터 로마가 이집트를 정복한 기원전 30년까지의 약 300년간을 '헬레니즘 시대'라고 해요. 이 시대에는 동양과 서양의 문화가 서로 영향을 주고받아 독특한 헬레니즘 문화가 만들어졌지요.

헬레니즘 문화로 인해 고대 그리스의 도시 국가들은 무척 혼란스러웠어요. 그리고 오랜 전쟁으로 사람들은 지쳐 있었지요. 이제 사람들은 국가의 발전에 자신의 힘을 쏟으려고 하지 않았어요. 어떻게 하면 자신의 마음을 편안하게 하고 자신의 본분을 깨달을 수 있을지 생각했지요. 이 어지러운 시대의 철학을 공부해 볼까요?

개처럼 살라!

먼저 견유학파의 대표적인 철학자 디오게네스를 만나 보아요. '견유'란 개와 같다는 뜻인데, 어떤 철학인지 참 궁금하죠? 디오게네스는 먼저 고통을 견디며 사는 법을 가르쳤어요. 그의 삶의 목표는 '욕심 없이 살기, 지금 이 순간에 만족하기, 아무것도 부끄러워하지 않기'예요. 이렇게 살면 어떤 고통도 없다고 생각한 거지요.

혹시 디오게네스의 생각을 듣고 생각나는 동물이 있나요? 디오게네스는 개가 이런 삶을 산다고 생각했어요. 그래서 "개처럼 살자."라고 공공연히 외쳤지요. 실제로 그는 아테네의 아크로폴리스에서 커다란 항아리를 집으로 삼고 개처럼 살았답니다.

장 레옹 제롬이 그린 〈디오게네스〉
디오게네스는 아무것도 필요로 하지 않는 삶을 추구했어요. 평생 한 벌의 옷만 입고 항아리 속에서 살았어요.

디오게네스는 자연을 거스르고 인간의 본능을 짓누르는 문화나 풍습은 모두 잘못된 것이라고 했어요. 그에게 반자연적인 것은 당연히 없애야 할 것들이었죠. 그는 원래 자연은 우리를 아무것도 없이 살 수 있도록 창조했다고 했어요. 그러니 되도록 단순하고 순수하게 살아야 한다고 했지요.

알렉산드로스 대왕의 방문

어느 날 세계를 정복한 알렉산드로스 대왕이 디오게네스에게 가르침을 받고 싶다고 찾아왔어요. 알렉산드로스 대왕은 공손하게 대화를 청했지요. "그대가 원하는 것이 무엇이오? 내 무엇이든 해 드리리다." 그러자 디오게네스는 "위대한 왕이시여, 지금 당신은 나의 따뜻한 햇볕을 가리고 있으니 옆으로 한 발짝만 비켜서 주십시오."라고 대답했지요. 권력과 명예에 관심 없는 디오게네스에게 알렉산드로스 대왕의 방문은 전혀 중요한 게 아니었어요. 그에게 중요한 건 오로지 따뜻한 햇볕뿐이었던 거죠.

그는 욕망에서 해방된 도덕적 자유를 찾고 싶었어요. 그래서 "재물에 무관심하면 공포를 떨칠 수 있다."라고 했답니다. 현대의 우리들은 디오게네스처럼 살 수 없다고 생각할지 몰라요. 그러나 우리 주변에는 우리가 만들어 낸 편리한 문화를 마냥 즐기다가, 오히려 그것에 구속당한 사람들이 아주 많아요.

예를 들어, 모두들 핸드폰으로 대단히 편리한 생활을 하고 있기 때문에 이제는 핸드폰이 없으면 일상생활을 할 수 없는 경우도 많지요. 심지어 불안함을 느껴 잠시도 핸드폰과 떨어지지 않는 사람들도 많이 있잖아요.

우리도 디오게네스의 가르침을 두고두고 생각해 보아야 하지 않을까요?

〈알렉산드로스 대왕과 디오게네스〉
가르침을 받으러 온 알렉산드로스 대왕에게 디오게네스가 햇볕을 가리니 비켜달라고 말하는 모습이에요.

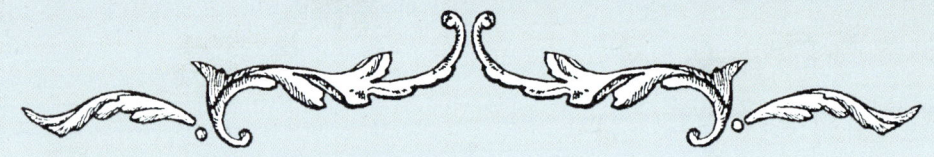

진정한 행복은 무엇일까?

스토아학파는 철학자 제논이 만든 학파예요.
'스토아학파'라는 이름은 아고라의 둥근 기둥이 늘어선 복도를 뜻하는
'스토아'에서 생긴 거래요.
제논이 스토아에서 철학을 가르쳤기 때문이에요.

자연 따라, 이성 따라

스토아학파는 사람들에게 어떤 가르침을 전했을까요? 스토아학파의 철학을 한마디로 말하면 "물 흐르는 대로 자연의 질서에 따라 살라."예요. 그들은 자연의 질서를 중심에 놓고 세계를 생각했지요. 사람도, 자연도 모두 자연의 질서에 따라 우주 속에서 조화를 이루고 있다고요. 또 그 질서를 '로고스'라고 했어요. 달이 지구를 정확하게 도는 것도, 별들이 자기 위치를 벗어나지 않는 것도 모두 로고스의 힘이라고요.

그럼 인간은요? 인간도 당연히 로고스의 힘에 따라 산다고 말했어요. 플라톤과 아리스토텔레스가 이성을 아주 중요하게 생각한 것을 기억하나요? 스토아학파도 그들의

제논(기원전 335~기원전 263년경)
스토아 학파를 만들었어요. 그의 철학은 자연과 일치된 삶이 목표였어요.

아고라 광장의 스토아
제논은 아고라 광장의 둥근 기둥이 늘어선 스토아에서 제자들을 가르쳤어요.

전통을 이어받았어요. 그래서 인간의 로고스는 이성에 들어 있다고 했지요. 스토아학파는 사람들에게 이성에 따라 함부로 행동하지 않으며, 이성에 따라 철저히 절제하면서 자기 자신을 지켜 나가라고 얘기했어요.

여러분이 스토아학파를 잘 이해하려면 꼭 기억해야 할 것이 있어요. 스토아학파가 얘기한 '이성의 질서를 따라 사는 것'은 세속적인 행복과는 거리가 아주 멀다는 거예요. 그들에게 맛있는 것을 실컷 먹고 싶다는 욕망은 반이성적인 거예요. 따뜻한 침대에서 실컷 자고 싶은 것도 반이성적인 것이죠. 스토아학파는 반이성적인 것은 인간이 진정한 행복을 찾는데 방해가 될 뿐이라고 했답니다. 심지어 스토아학파 철학자들은 세속적인 행복을 완강하게 거부했어요.

그들은 안락함과 풍요로움은 정신의 행복과는 아무 관련이 없다고 했어요. 오히려 악의 근원이 되고 인간의 행복을 해친다고 생각했지요. 그러니까 스토아 철학의 핵심은 한마디로 '절제'라고 할 수 있어요. 이성적 절제를 통해서만 인간은 진정한 행복에 도달할 수 있다는 것이지요.

아파테이아, 진정한 자유!

그럼 도대체 어떻게 살라는 걸까요? 감정에 사로잡히지 않아야 하지요. 욕심에 휘둘리지 않아야 하고요. 스토아학파 철학자들은 이렇게 모든 감정과 욕망에서 해방된 평온한 삶의 자세를 '아파테이아'라고 했어요. 감정의 소용돌이에서 완전히 벗어난 아파테이아에 이르면 우리는 진정한 자유를 얻게 된다고요.

스토아학파 철학자들은 실제로 철저하게 욕심을 버리고 아주 금욕적인 생활을 했어요. 그리고 "이성을 가지고 있는 한 인간은 모두 평등하다."라며 모든 사람을 똑같이 대했지요. 또한 남을 사랑하고 배려하는 마음인 '박애'가 인간이 가져야 할 가장 아름다운 정신이라고 강조하였답니다. 이렇게 그들은 인간 삶에 필요한 지혜와 교훈들을 가르치고, 또 그것을 직접 행동으로 보여줌으로써 당시 사람들에게 큰 사랑을 받았어요.

스토아학파의 사상은 로마의 만민법*과 근대의 자연법*에 이론적 기초를 제공해 주었어요. 그리고 이성을 우위에 두는 스토아학파의 철학은 근대 철학자인 데카르트를 거쳐 스피노자와 칸트에게로 이어져 현대 철학에 큰 영향을 끼쳤답니다.

*만민법
고대 로마 제국에서 로마 시민은 물론 시민권이 없는 외국인에게까지 적용한 법

*자연법
이성을 통하여 발견한 자연적 질서를 사회 질서의 근본 원리로 생각하는 법

노예 출신 스토아학파 철학자, 에픽테토스

에픽테토스는 로마에서 노예로 살면서 스토아 사상을 배웠어요. 그는 철학적인 재능이 뛰어나 나중에 자유인이 되었지요. 스토아 사상을 단적으로 보여 주는 그와 관련된 유명한 일화가 전해져오고 있어요.

하루는 그의 주인이 에픽테토스에게 화가 나서 그의 팔을 비틀기 시작했어요. 한참이 지나자 그는 주인에게 "계속 비틀면 팔이 부러질 것입니다."라고 말했어요. 그러자 주인은 더욱 화가 나 팔을 더 세게 비틀어 결국 부러뜨렸지요. 그러자 에픽테토스는 조용한 목소리로 말했대요. "그것 보세요. 그렇게 팔을 비틀면 결국 부러진다고 했잖아요."

피할 수 없다면 애써 노력하지 말라는 스토아 철학의 의미가 담긴 행동이었지요. 이것은 피하지 못할 거면 즐기라는 말과도 통한답니다.

에픽테토스(50~135년경)

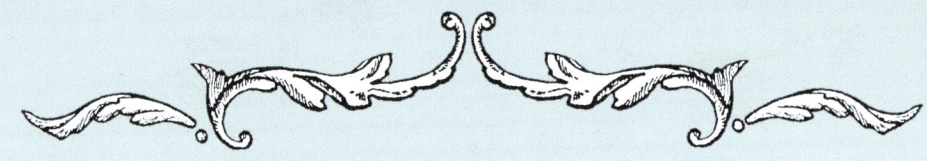

육체적 쾌락이냐?
정신적 쾌락이냐?

스토아학파와 같은 시대에 살면서 서로 반대되는 철학을 펼친 사람들이 있어요.
바로 에피쿠로스학파예요. 이 학파의 창시자, 에피쿠로스는
아테네에 있는 자기 집 정원에 학교를 세웠어요.
이런 이유로 에피쿠로스학파를 '정원의 철학자'라고 불렀지요.

행복은 쾌락에서부터

에피쿠로스학파는 스토아학파와 어떤 점이 다를까요? 먼저 에피쿠로스는 데모크리토스의 원자론을 이어받았어요. 데모크리토스의 원자를 다시 공부해 볼까요? 데모크리토스의 원자는 모든 사물을 이루는 물질이에요. 데모크리토스는 이 원자의 우연적인 운동을 통해서 사물이 생겨나고 소멸한다고 했지요.

반면 스토아학파는 사물의 변하는 원인이 로고스라고 했어요. 로고스는 물질이 아니라 정신이지요. 에피쿠로스학파는 그것을 인정하지 않았어요. 그들은 신이나 이데아, 로고스 등을 전혀 염두에 두지 않았어요. 이렇게 에피쿠로스학파와 스토아학파의 철학은 그 시작점이 다르답

에피쿠로스
(기원전 342~기원전 270년)
에피쿠로스학파를 만들었어요. 그는 철학의 목적이 행복하고 평온한 삶을 얻는 데 있다고 했어요.

니다. 스토아학파는 욕구를 만족시켜 얻는 쾌락을 절제하고, 이성을 따라야 행복을 얻을 수 있다고 했어요. 이와 반대로 에피쿠로스학파는 쾌락이 우리에게 행복을 가져다 준다고 했답니다. 맛있는 음식이 주는 쾌락, 즐거운 노래를 부르며 얻는 쾌락이 없다면 행복을 어디에서 구할 수 있겠어요? 쾌락이란 이렇게 우리 욕구가 채워져 만족을 느끼는 상태예요.

욕심을 버리면 자유

그런데 모든 욕구를 완전히 채운다는 것이 가능할까요? 이 세상의 물건은 한정되어 있는데 사람의 욕구는 끝이 없잖아요. 그래서 사람들은 더 많이 가지려고 경쟁하고, 다투며 살아가고 있지요. 이 경쟁과 다툼의 세계에서 벗어날 길은 없을까요?

에피쿠로스는 허황된 욕구를 버리면 쾌락을 얻을 수 있다고 했어요. 그러니까 욕심을 버리면 고통에서 벗어날 수 있다는 이야기죠. 그러면서 인간의 욕구를 자연스러운 욕구와 헛된 욕구로 나누었어요. 배가 고프거나, 자고 싶은 것은 자연스러운 욕구예요. 하지만 비싼 옷을 입고 싶거나, 일등을 하고 싶은 것은 헛된 욕구지요. 헛된 욕구는 충족시킬수록 더 커지므로 오히려 고통만 만들어 낸답니다. 이런 욕구는 되도록 갖지 말아야 해요.

육체적 쾌락이냐, 정신적 쾌락이냐

에피쿠로스는 쾌락에는 두 가지가 있다고 했어요. 그리고 진정한 쾌락을 주는 것이 무엇인지 잘 살펴보라고 했지요. 만약 식탁에 맛있는 피자가 가득 있다고 해서 모두 먹어 버리면 어떻게 될까요?

먹는 즐거움은 잠시고 배가 아파 오랫동안 고통스럽겠지요. 쾌락의 양보다 고통의 양이 훨씬 많아지는 것이에요. 이렇듯 에피쿠로스는 육체적 쾌락은 오래가지 못한다고 했어요. 하지만 정신적 쾌락은 오래간다고 했지요. 아니, 영원하다고 했답니다.

여러분은 책을 감명 깊게 읽었을 때나, 어려운 이웃을 도와주었을 때

어땠나요? 가슴이 뿌듯해지고 마음이 따뜻해지는 것을 느끼지 않았나요? 그것이 바로 정신적 쾌락이랍니다. 현명한 사람이라면 눈앞의 육체적 쾌락보다 이런 정신적 쾌락을 더 찾지 않을까요? 이렇게 정신적 쾌락을 통해 평온해진 상태를 '아타락시아'라고 한답니다.

에피쿠로스학파의 사상은 겉보기에는 분명히 쾌락을 추구하는 사상으로 보여요. 고통을 피하고 있는 그대로의 상태를 즐기라고 강조하니까요. 하지만 그들은 검소하면서도 욕심 없는 삶을 가르쳤어요. 이 정신은 근대에 가서, 경험을 중시하는 경험주의와 되도록 많은 사람이 행복해야 한다는 공리주의로 이어진답니다.

물과 빵만 있으면 신도 부럽지 않다

에피쿠로스는 자신과 뜻이 같으면 여성과 노예까지도 자신의 정원으로 오게 했어요. 그리고 정치 활동과 공공 생활을 피하라고 가르쳤지요. 에피쿠로스학파의 폐쇄적이고도 평등한 집단 생활은 항상 '이상한 사람들의 집단'이라는 오해를 받았답니다.

본래 에피쿠로스의 쾌락 사상은 소박한 음식을 먹고 좋은 친구를 사귀며 고통을 피하는 것이었어요. 그래서 그를 따르는 사람들은 그의 집과 정원에서 아주 단순한 생활을 했지요. 하루에 4분의 1리터 정도의 포도주는 마셨지만, 물과 보리빵이 주식이었어요. 에피쿠로스는 "물과 빵만 있으면 신도 부럽지 않다."라고 말했지요. 여러분은 어떤가요? 우리는 지금 너무 많이 먹고, 너무 많이 놀고 있지는 않나요?

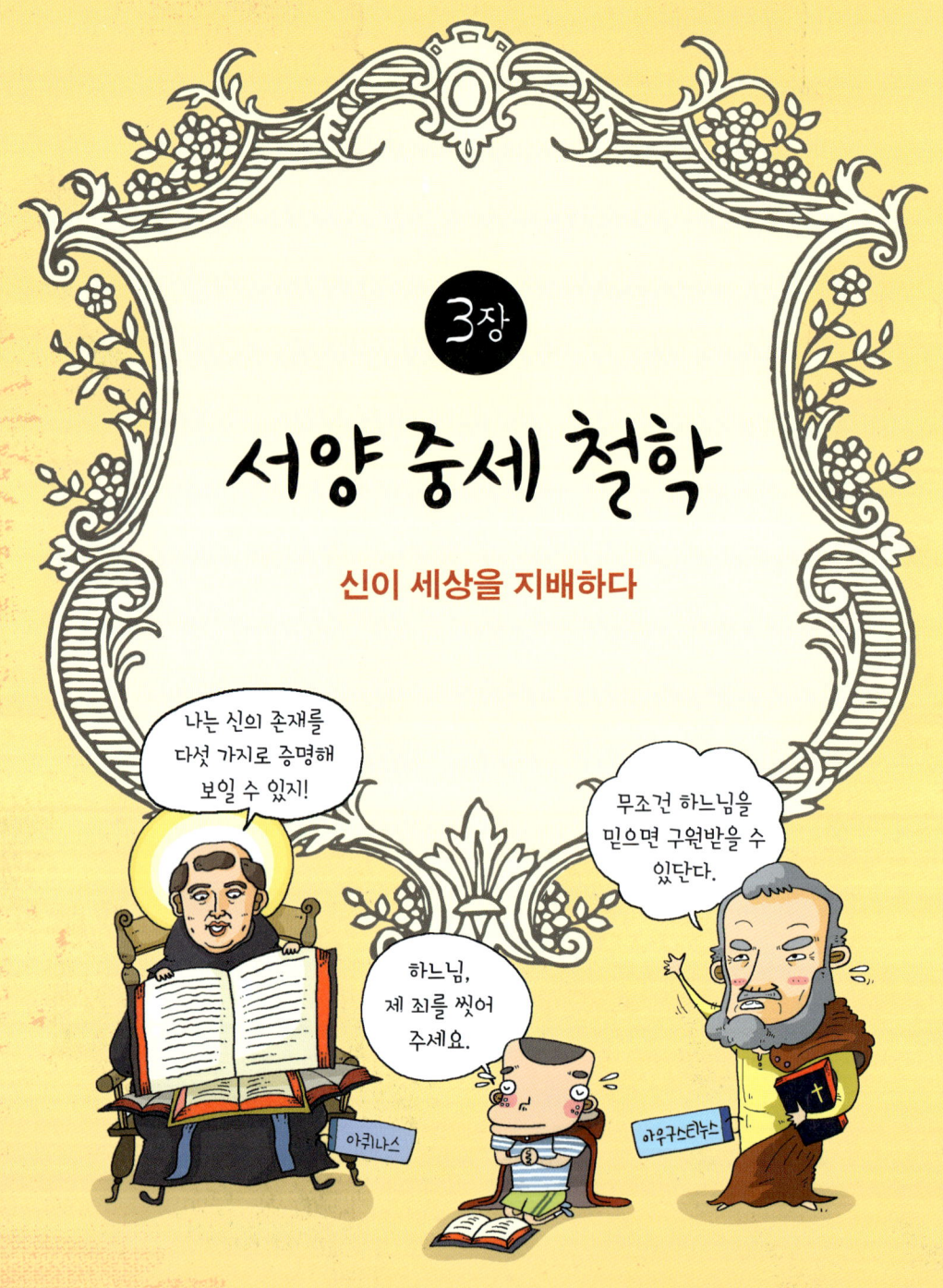

중세는 서로마 제국이 멸망한 때부터 르네상스와 종교 개혁이 일어난 시기 이전까지를 말해요. 장장 천 년의 시간이지요. 중세에 서양에서는 모든 사람들이 기독교를 믿고 따랐어요. 교황의 권위가 최고로 높아졌고, 기독교의 엄격한 교리가 사람들의 생활을 지배하게 되었지요. 이제 신이 지배했던 엄숙한 세계로 출발해 볼까요?

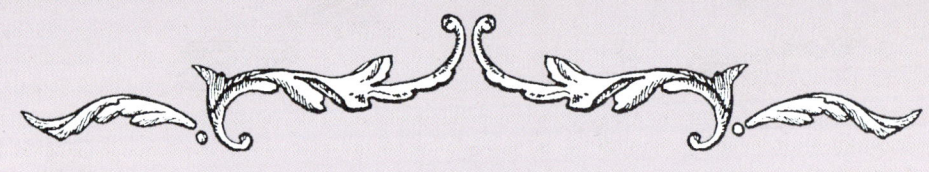

우리가 죄인이라고요?

중세 시대란 고대와 르네상스 시대 사이에 있는 시기를 말해요.
사람들은 중세를 '천 년의 암흑시대'라고 하지요.

기독교가 지배하는 시대

왜 중세를 암흑시대라고 부를까요? 중세 시대에는 기독교 교리와 어긋나는 생각과 문화가 아예 존재하지 않았기 때문이에요. 중세 사람들에게 유일한 세계관은 기독교였거든요. 철학도 기독교 신앙 아래에서 그것을 떠받치는 학문이 되었고요. 그래서 중세의 철학은 철저히 신학(종교의 신앙과 교리를 연구하는 학문)의 신하가 되었답니다.

쾰른 대성당
하늘로 높이 치솟은 독일의 쾰른 대성당은 중세 기독교 사상의 절대적인 위치를 보여 주지요.

하느님, 제 죄를 씻어 주세요.

하지만 중세가 없는 유럽의 역사는 상상할 수 없어요. 중세에 이르러 학교와 도서관이 발달하고, 화려한 성과 도시가 만들어지고, 공공하수도나 목욕탕이 갖춰지고, 일반 사람들이 만들어 낸 문학과 음악이 꽃을 피웠지요. 《니벨룽엔의 노래》, 《백설공주》 등이 모두 중세의 이야기들이랍니다.

교회의 아버지, 아우구스티누스

중세의 철학자들에게 진리는 오로지 기독교였어요. 단, 기독교의 교리를 무조건 믿을 것인지, 이성적 사유를 통해 접근할 것인지가 관심 대상이었지요.

무조건적인 믿음을 주장한 철학자는 바로 아우구스티누스였어요. 그는 기독교를 향한 굳은 믿음만이 진리를 향한 길이라고 생각했지요. 믿음이 깊으면 하느님이 영혼을 밝혀 주어 초자연적인 인식을 얻게 된다고요. 그는 늘 "주님 안에서 평안을 찾기까지 우리의 영혼은 불안합니다."라고 기도했답니다.

아우구스티누스는 플라톤 철학과 기독교가 분명하게 일치한다고 생각했어요. 플라톤이 이데아 세계가 참세상이라고 주장했던 것을 기억하죠? 아우구스티누스도 이데아 세계를 인정했거든요.

아우렐리우스 아우구스티누스 (354~430년)
무조건적인 믿음을 주장한 교회의 아버지예요. 그의 생각은 오늘날까지 기독교의 정통 교리로 이어지고 있어요.

그는 이데아가 하느님의 생각 안에 존재한다고 했어요. 하느님의 생각에 따라 현실 세계를 창조한 것이고요. 그래서 그는 우리의 육체는 물질 세계에 있지만 믿음으로 맑아진 영혼은 이데아 세계를 인식한다고 주장했답니다.

아담의 후손은 모두 죄인

그런데 아우구스티누스는 왜 무조건 신을 믿어야 한다고 했을까요? 기독교에서는 우리 모두가 죄인이기 때문이에요. 잘못을 저질러 감옥에 갇힌 죄수는 스스로 자신을 구할 수가 없어요. 마찬가지로 인간 역시 스스로 자신을 구원할 수 없기 때문이랍니다.

그런데 우리가 어떤 죄를 지었냐고요? 여러분은 모두 아담과 이브 이야기를 알고 있을 거예요. 아담과 이브는 하느님의 명령을 어기고 뱀의 유혹에 넘어가 선악과를 따먹었어요. 그 벌로 아담은 평생 땀 흘려 일해야 하고, 이브는 출산의 고통을 견뎌야 하고, 뱀은 땅을 기어 다녀야 하지요.

성경에서는 아담과 이브가

알브레히트 뒤러가 그린 〈아담과 이브〉
아우구스티누스는 인간은 오직 신을 통해서만 아담과 이브로부터 물려받은 원죄에서 벗어날 수 있다고 얘기했어요.

인류의 조상이라고 했어요. 우리 모두는 아담과 이브의 씨를 받고 태어난 거지요. 따라서 당연히 그들이 지은 죄의 피도 물려받은 거지요. 그 때문에 누구도 예외 없이 우리 모두는 태어날 때부터 죄인이랍니다. 이것을 '원죄'라고 해요.

그럼 이 죄에서 구원받을 방법은 무엇일까요? 아우구스티누스는 "누구든지 진정으로 하느님을 사랑하고, 마음이 깨끗한 자는 구원받을 수 있다."라고 가르쳤어요. 인류의 죄를 씻기 위해 오신 예수님이 하느님의 아들임을 믿고, 자신의 죄를 고백하기만 하면 천국에 갈 수 있다고요.

아우구스티누스의 생각은 오늘날까지도 기독교의 정통 교리로 이어져 오고 있어요. 그에 의해 이성보다는 믿음이, 철학보다는 신학이 중요했던 중세 시대의 문이 활짝 열리게 되었답니다.

아우구스티누스의 위대한 어머니

젊은 시절 아우구스티누스는 기독교의 정통 교파가 아닌 마니교에 빠져 방탕한 생활을 했어요. 그의 어머니는 아들을 위하여 16년간이나 눈물로 기도했지요. 암브로시우스 주교는 그녀를 위로하며 말했어요. "안심하십시오. 눈물의 아들은 결코 멸망하지 않습니다." 이후 아우구스티누스는 주교의 가르침을 받고 참회하게 되었지요. 이런 아들을 보고 어머니는 무척 기뻤지만 어느새 죽음이 다가오고 있었어요. 하지만 그녀는 이렇게 말했어요. "얘야, 이 세상에서 나를 기쁘게 하는 것은 아무것도 없단다. 이 세상에서 나의 모든 희망은 다 이루어졌다." 이렇게 부모님의 사랑은 크고도 넓답니다.

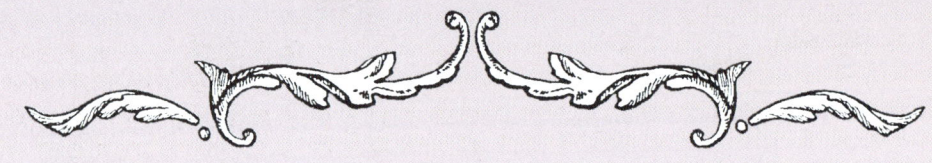

하느님은 정말 있나요?

중세 시대의 가장 위대한 철학자는 토마스 아퀴나스예요.
그는 아주 인자하고 정이 넘치는 성품으로 많은 사람의 사랑을 받았지요.
살아 있을 때에도 '천사와 같은 학자'라는 칭송을 받았고,
죽은 지 50년 뒤에는 성인으로 추앙되었답니다.

신을 증명하다

이탈리아 귀족 집안에서 태어난 아퀴나스는 어려서부터 신앙심이 아주 깊었어요. 그래서 일찍부터 수도사가 되기로 결심했지요. 가족들은 이를 반대하며 그를 성에 가두기도 했어요. 하지만 그의 신앙을 막지는 못했어요.

아퀴나스는 19세에 집을 나와 검소한 생활을 하는 도미니크 수도회에 들어갔어요. 그리고 평생 철학과 과학을 연구하며 기독교 사상을 정교하게 닦았지요.

그 당시 사람들은 수도사들에게 기독교에 도전하는 질문들을 많이 했어요. 수도사들은 이런 물음에 대답하기 위해 수백 년 동안 암흑 속에 묻혀 있던 그리스 철학을 다시 연구하기 시작했지요. 아우구스티누스가 기독교 교리

토마스 아퀴나스(1225~1274년)
중세 기독교의 대표적 신학자예요. 그는 중세 기독교 철학과 아리스토텔레스의 철학을 종합하여 정통 교회 철학을 완성했어요.

를 플라톤 철학으로 이해하고 해석했다면, 아퀴나스는 아리스토텔레스의 철학을 기본으로 삼았어요.

사람들이 수도사들에게 하는 질문 중 가장 도전적인 것은 "과연 신은 있나요?"였어요. 아퀴나스는 아리스토텔레스의 사상을 받아들여 신이 실제로 있다는 것을 증명하려고 했어요. 아리스토텔레스는 여러 문제를 연구할 때 항상 원인과 결과에 따라 정확하게 설명하는 논리학을 세웠거든요.

이성의 도움으로 성서의 진리를 탐구할 수 있다고 주장한 아퀴나스는 실제로 신의 존재를 다섯 가지로 증명했답니다. 여러분도 그의 주장을 하나하나 새기며 신이 정말 존재하는지 생각해 보세요.

신이 있다는 다섯 가지 증명

첫째, 사물의 운동에 의한 증명이에요. 여기서 운동은 변화를 뜻해요. 비가 오는 것은 구름 때문이고, 구름이 만들어지는 것은 또 다른 것이 움직이기 때문이고……. 이렇게 계속 가다 보면 운동을 최초로 일으키는 것에 이르는데, 그것이 무엇일까요? 토마스 아퀴나스는 그것이 신이라고 했어요.

둘째, 원인에 의한 증명이에요. 내가 있는 것은 엄마와 아빠가 있기 때문이고, 엄마와 아빠가 있는 것은 할머니와 할아버지가 있기 때문이고……. 계속 계속 올라가다 보면 최초의 원인에 이르게 되지요. 그럼 그게 누구일까요? 그것 또한 신이라고 했지요.

셋째, 우연성에 의한 증명이에요. 우주 주위의 물건들은 생기기도 하고 없어지기도 해요. 이런 것을 우연이라고 하지요. 하지만 세상 모든 것이 우연한 것들뿐이라면 어느 순간 모든 것이 한꺼번에 없어지지 않겠어요? 그러니까 우연적인 것은 반드시 그것을 가능하게 하는 다른 존재를 필요로 해요. 그 필연적인 것이 무엇일까요? 마찬가지로 신이라고 했어요.

넷째, 단계에 의한 증명이에요. 무생물보다는 식물이 완전하고, 식물보다는 동물이 완전하고, 동물보다는 사람이 완전하고……. 계속 가다 보면 가장 완전한 것이 있어야 하는데, 그것이 무엇일까요? 바로 신이라고 했지요.

다섯째, 목적에 의한 증명이에요. 벌이 꽃을 찾는 목적은 꿀을 얻기 위한 거예요. 이처럼 모든 사물은 어떤 목적을 향해 움직이지요. 모든 사물들에게 목적을 준 지성적인 존재는 누구일까요? 이 또한 신이라고 했어요.

이렇게 아퀴나스는 신의 존재를 이성적으로 증명했어요. 그를 통해 신학은 철학적으로 훌륭하게 다듬어지게 되었지요. 아리스토텔레스의 철학과 기독교의 신학이 조화를 이룬 아퀴나스의 철학은 이후 교회의 중심 사상이 되었답니다.

베노초 고촐리가 그린 〈토마스 아퀴나스의 승리〉
토마스 아퀴나스는 아리스토텔레스와 플라톤 가운데 앉아 있어요. 그리스 철학의 도움으로 신학을 철학적으로 종합한 승리자로 표현된 거예요.

벙어리 황소 아퀴나스

토마스 아퀴나스는 몸집이 크고 말이 적었기 때문에 별명이 '벙어리 황소'였어요. 게다가 그는 배가 너무 나와서 책상을 동그랗게 파내고 써야 했지요. 그러나 아퀴나스의 스승은 그의 재능을 알아보고 이렇게 말했어요. "우리는 이 사람을 벙어리 황소라고 부르지만, 그의 울음소리는 앞으로 전 세계에 울려 퍼질 것이다."

근대에는 자연 과학이 크게 발전하고 국제적으로 교류가 활발하게 일어났어요. 이제 사람들은 더 이상 자연을 두려워하지 않게 되었지요. 절대자인 신에 대한 믿음도 서서히 약해져 갔고요. 신 중심의 세계에서 벗어나자 사람들은 합리적인 인간을 그 중심에 놓기 시작했어요. 지금부터 사람의 시대, 이성의 시대인 근대로 떠나 볼까요?

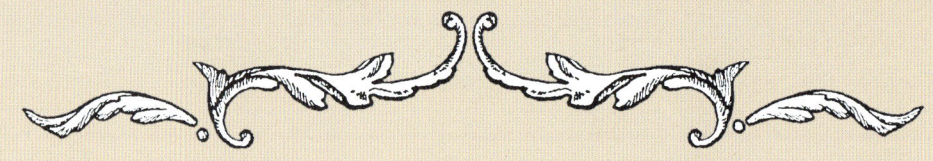

세상이 발칵 뒤집히다

중세 시대는 모든 것의 중심에 신이 있었어요.
그러나 기독교 사상은 1300년대 무렵부터 서서히 무너지기 시작했어요.
중세에서 벗어나 근대로 나아가는 바로 이 시기에 이탈리아를 중심으로
르네상스 운동이 일어났어요. 르네상스는 '재탄생'이라는 뜻이에요.

세상을 바꾼 새로운 바람, 르네상스

무엇이 재탄생했을까요? 바로 고대 그리스 문화랍니다. 당시 유럽에서는 자연과 인간을 중심으로 생각하던 고대 그리스 철학과 인간의 아름다움을 표현하던 고대 그리스 예술에 대한 관심이 일어나기 시작했어요.

르네상스 운동으로 예술가들은 종교적 색채가 강한 중세의 예술에서 벗어나 세계와 인간에 애정을 갖고 예술 활동을 하기 시작했지요. 특히 이러한 변화는 미술이나 문학 작품에서 확연히 드러났어요. 대표적인 작가는 미켈란젤로, 레오나르도 다빈치, 보티첼리, 보카치오, 토마스 모어 등이고요.

시인은 인간의 기쁨과 슬픔을 주제로 글을 썼고, 화가

레오나르도 다빈치(1452~1519년)
르네상스를 대표하는 천재 학자예요. 화가이자 조각가, 발명가, 건축가, 기술자, 과학자, 지리학자, 음악가로 활동했어요.

산드로 보티첼리가 그린 〈비너스의 탄생〉
르네상스 시대의 화가인 보티첼리의 대표적인 그림이에요. 바다에서 탄생한 사랑과 미의 여신인 비너스가 육지에 다다랐어요. 비너스는 아름답고 성숙한 여성의 모습을 하고 있지요.

는 성모 마리아나 천사와 같은 종교적 그림에서 벗어나 아름다운 육체를 지닌 여인을 그리기 시작했어요. 예술가들이 자신의 생각을 자유롭게 표현하기 시작한 것이지요. 르네상스는 살짝 열려 있던 근대의 문을 활짝 열어젖히는 큰 사건이었어요. 역사상 그렇게 세찬 물결은 다시 없었답니다.

부패한 교회를 바로 세운 종교 개혁

종교에서도 커다란 변화가 일어났어요. 당시 가톨릭 교회는 날로 부패해져 갔어요.

마르틴 루터 (1483~1546년)
로마 가톨릭 교회의 부패에 맞서 종교 개혁을 주장했어요. 그는 "믿음만으로, 은총만으로, 성경만으로!"를 외쳤지요.

사람들은 교황의 권위를 인정하지 않고 개혁을 부르짖으며 새로운 프로테스탄트 교회를 만들었어요. 이것이 마틴 루터가 이끈 '종교 개혁'이에요.

가톨릭 교회에서는 인간은 성직자를 통해서만 신에게 구원받을 수 있다고 했어요. 성직자 앞에서 미사를 드리고 자신의 죄를 고백하는 고해 성사를 충실히 해야 한다고요.

하지만 루터는 인간은 성직자 없이도 믿음으로 신에게 구원받을 수 있다고 주장했어요. 우리에겐 성경이 있으니까요. 성경을 통해서 신과 직접 만날 수 있다는 거지요. 그는 성경을 읽는 것이 바로 신을 이해하는 것이라고 외쳤어요.

중세를 벗어나려는 움직임은 이렇게 교회 안에서도 세차게 일어나, 결국 중세의 문은 서서히 닫히게 되었답니다.

철저한 실험과 이성이 이끈 과학 혁명

근대의 시작이 열리는 데 르네상스보다, 종교 개혁보다 더 큰 영향을 끼친 것은 과학 혁명이었어요. 이 시대의 과학자들은 하늘을 다시 관찰하였고, 모든 사물의 운동 원리를 하나씩 밝혀 나갔지요. 신학이 끼어들 틈은 아예 없어지고 말았답니다.

코페르니쿠스는 지구가 태양계의 중심이라는 중세의 과학을 부정하고, 지구가 태양의 주위를 돈다는 '태양 중심설'을 주장했어요. 그리고 여러 가지 과학적 근거를 내세워 그것을 증명해 냈지요. 이제 지구와 인간은 우주의 중심이 아니라 우주의 한 부분이라는 사실이 과학으로 입증된 것이에요.

또한 갈릴레이는 관찰의 중요성을 깨닫고 직접 망원경을 만들어 달을 자세히 관찰했어요. 목성의 위성을 발견하고, 태양 중심설을 관측으로 입증했지요. 또한 물체의 운동을 수학적으로 풀어냈어요. 이러한 갈릴레이의 철저한 실험과 관찰, 그리고 인간의 이성을 중시하는 합리주의는 중세 철학의 중심 사상을 크게 흔들었답니다.

갈릴레이를 비롯한 이 시대의 과학자들이 강조한 이성의 문제는 철학으로 이어져 근대 철학의 중요한 주제가 되었어요. 데카르트는 갈릴레이의 영향을 받아 이성 중심의 철학 체계를 세웠지요. 또한 모든 생각이 인간 중심으로 이루어지는 학문적 토대가 만들어졌답니다.

갈릴레오 갈릴레이(1564~1642년)
철학자이자 과학자, 물리학자, 천문학자로 과학 혁명을 주도했어요.

코페르니쿠스와 갈릴레이는 지구가 태양 주위를 도는 태양 중심설을 주장했어요.

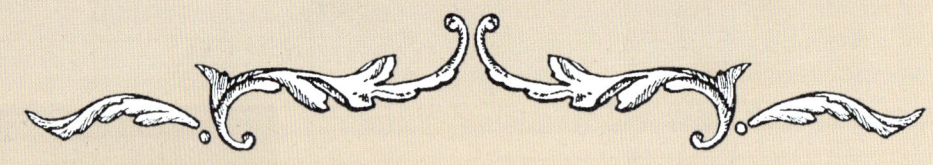

지식은 경험을 통해서 쌓는 것

근대 초기에 새로운 철학의 출발을 알린 사람은
영국의 철학자, 프랜시스 베이컨이었어요.
그는 기독교 사상만 진리라고 하는 중세 철학에서 벗어나
과학적 지식을 중요하게 생각하고 경험을 강조했지요.
베이컨의 철학은 르네상스 시대의 사상을 대변하는 것이었답니다.

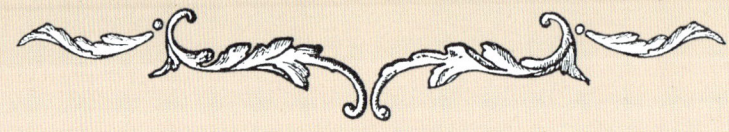

아는 것이 힘이다

베이컨이 주장한 철학은 무엇이었을까요? 그는 항상 "아는 것이 힘이다."라며 지식의 중요성을 강조했어요. 자연을 정복하기 위해서는 자연에 대한 지식을 쌓아야 한다고 했지요.

그런데 어떻게 지식을 쌓는다는 걸까요? 그는 경험을 통해서, 직접 관찰하고 실험하면서 지식을 쌓아야 한다고 했어요. 베이컨은 "경험은 거짓말을 하지 않는다."라고 말했답니다. 경험을 중요하게 생각한 그의 철학을 '경험주의'라고 해요. 경험주의를 주장한 철학자들을 '경험주의자'라고 하고요.

프랜시스 베이컨(1561~1626년)
영국의 철학자이자 정치인이에요. 영국 경험주의의 선구자로, 데카르트와 함께 근대 철학의 개척자로 평가받고 있어요.

지식을 막는 우상들

베이컨은 지식을 무척 강조했지만 모든 지식이 옳다고 생각한 건 아니었어요. 그는 인류가 앞으로 발전하려면 과거로부터 얻은 잘못된 지식과 편견을 몽땅 지워야 한다고 했어요. 그리고 깨끗해진 생각에 다시 올바른 지식을 넣어야 한다고 했지요. 잘못된 지식을 없애야 올바른 지식을 쌓을 수 있을 테니까요.

그는 올바른 지식을 위해서 우리가 가장 먼저 할 일은 모든 선입견과 편견을 송두리째 없애는 것이라고 했어요. 선입견과 편견은 우리에게 잘못된 지식을 주거나, 자연을 있는 그대로 보지 못하게 막는 장애물이기 때문이에요. 베이컨은 이런 인간의 선입견과 편견을 '우상'이라고 했어요. 그가 말한 우상의 종류는 네 가지나 된답니다.

종족의 우상과 동굴의 우상

첫째, '종족의 우상'이에요. 이것은 모든 것을 사람 위주로 생각하는 데서 오는 선입견과 편견이랍니다. "봄을 찬미하며 꾀꼬리가 노래한다.", "새가 노래하고 나비가 춤춘다." 등과 같은 것이에요. 새는 그저 지저귄 것뿐이고, 나비는 그저 날갯짓을 한 것뿐인데, 사람들이 사람 위주로 표현하고 해석했다는 것이지요.

둘째, '동굴의 우상'이에요. 이것은 개개인이 가진 습관이나 취향에서 오는 선입견과 편견이에요. 사람들은 저마다 다른 사회적 지위나 생활 환경에 처해 있어요. 그에 따라 개개인은 주관적인 생각이나 취향을 갖게 되지요. 즉, 저마다 자신만의 동굴에 들어가 있는 것과 마찬가지라는 거예요.

예를 들어, 우물 안 개구리는 세상이 얼마나 넓은지를 모르고, 갓 태어난 강아지는 호랑이가 무서운 줄 모르지요.

우리가 동굴에 있다는 걸 깨달았다면 얼른 동굴에서 빠져나와야 해요. 한시라도 빨리 주관적인 생각에서 벗어나야 하는 거예요.

시장의 우상과 극장의 우상

셋째, '시장의 우상'이에요. 언어와 문자를 잘못 사용해서 생기는 선입견과 편견을 말해요. 시장에서처럼 교류가 활발한 곳에서 많은 사람들이 이야기를 주고받으면서 어떤 말을 만들어 내면 사람들은 그 말을 실제라고 믿는다는 것이에요.

예를 들어, 우리는 종종 귀신이나 도깨비, 천사나 악마 이야기를 들어요. 그리고 이것들이 실제로 존재한다고 생각하지요. 하지만 사실 이것들의 존재는 증명된 게 하나도 없답니다. 이렇게 실제로 있다는 것이 증명되지도 않았는데, 그것을 가리키는 단어가 있기 때문에 실제로 있다고 믿는 것을 시장의 우상이라고 해요.

넷째, '극장의 우상'이에요. 그럴듯하게 꾸며진 철학이나 학설, 전통을 무조건 믿는 데서 생기는 선입견과 편견이에요. 유명한 책이나 논문에 발표되었기 때문에 당연히 진리라고 생각하는 것처럼 말이에요. 여러분은 공자님이 말씀하신 것은 무조건 따라야 한다고 생각하나요? 한번 생각해 보세요. 공자님이 살았던 시대와 지금은 많이 다르지 않을까요?

베이컨은 어떤 학설이라도 모두 맞는 것이 아니기 때문에 무조건 믿어서는 안 된다고 했답니다. 또 그는 종교적 미신과 신학은 말할 것도 없이 우상이라고 했어요.

베이컨은 중세 철학에서 벗어나 모든 것을 과학적으로 분석했고, 경험을 통해 지식이 성립한다고 주장했어요. 그래서 그의 철학을 근대 경험주의의 출발점이라고 한답니다.

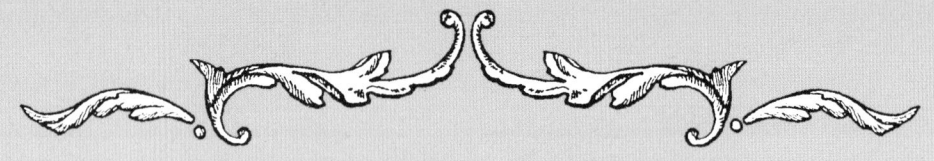

국가는 왜 생겼나요?

근대에 들어 철학자들은 인간의 사회생활이 어떻게 시작됐는지,
또 어떻게 이루어져야 하는지에 많은 관심을 가졌어요.
이렇게 사람들이 같이 생활하는 사회에 대한 철학적 연구를 사회 철학이라고 해요.
사회 철학의 토대를 마련한 철학자는 토머스 홉스예요.
그래서 그를 '사회 철학의 아버지'라고 하지요.

통치자를 연구한 사회 철학자

홉스는 목사의 아들로 태어났지만, 신을 믿지 않았어요. 그는 종교에 얽매이지 않고 자유로운 삶을 살았지요. 그는 살면서 많은 일을 겪었어요. 당시 독일에서는 30년 전쟁이 일어났고, 그가 사는 영국에서는 왕과 의회 사이에 내전이 벌어졌어요. 이 전쟁들은 아주 참혹한 결과를 낳았지요. 수많은 사람이 죽고, 사람들의 삶이 유지될 수 없을 만큼 사회가 황폐해졌어요.

홉스는 이 전쟁들을 지켜보며 인간의 본성과 통치자에 대해 많은 생각을 했어요. 또한 그는 위대한 과학자인 갈릴레이를 만나 큰 영향을 받았지요. 이 만남은 그의 철학에 과학적인 방법을 들여오는 계기가 되었답니다.

토머스 홉스(1588~1679년)
근대 정치 철학의 토대를 마련한 책,
《리바이어던》에서 사회 계약설을 주장했어요.

만인의 만인에 대한 투쟁

홉스는 많은 철학자들이 높이 평가했던 인간의 이성을 그리 중요하게 생각하지 않았어요. 이성은 타고나는 게 아니라 노력으로 얻어진다고 말했지요.

그렇다면 이성의 능력을 제대로 갖추지 못한 사람들이 바글바글 모여 사는 세상은 어떤 모습일까요? 오로지 살아남기 위한 생존의 법칙밖에 없겠지요. 자신의 이익에만 혈안이 되어 있을 뿐이고요. 다른 사람의 고통 같은 것은 관심 없고, 오로지 자신만 편하고 잘살면 그만일 거예요. 홉스는 이것이 자연 상태에 있는 인간의 모습이라고 했어요.

홉스는 "자연 상태에서는 예술도 없고 문학도 없으며, 사교도 없다."라고 말했어요. 모든 사람이 자연 상태에서는 자신의 이익을 좇아 마음대로 행동한다고요. 그는 그것을 '만인의 만인에 대한 투쟁'이라고 표현했답니다. 그런데 만인의 만인에 대한 투쟁 상태는 원시 시대에만 일어나는 일일까요?

국가와 개인의 계약

홉스는 만인의 만인에 대한 투쟁은 인간의 본성으로 인한 것이어서 언제든지 일어날 수 있다고 했어요. 그럼 그 해결책은 무엇일까요? 자연 상태의 사람들은 계속 혼란스럽게 살 수는 없다고 생각했어요. 그리고 마침내 혼란 상태에서 벗어나기 위해서는 인간 개개인의 자유가 어느 정도 제약되어야 한다는 생각에 이르게 되지요. 그래서 생각해 낸 것이 바로 '국가'랍니다.

그러니까 사람들이 서로 합의하여 계약을 맺는 거예요. 자신이 가지고 있는 자유의 일부를 국가에 넘겨주고, 그 대신 국가는 개인의 생존과 이익을 지켜 주겠다는 약속을 하는 것이지요. 이것이 홉스가 말하는 '사회 계약설'이랍니다.

사람들은 만인의 만인에 대한 투쟁 상태를 벗어날 수 있게 되었어요.

이제 약속을 어긴 사람이나 법을 위반한 사람을 처벌해야 하는데, 누가 하죠? 아, 국가를 다스리는 통치자가 있어야 하겠군요! 당연히 그에게는 아주 큰 힘이 필요하고요. 통치자가 힘이 없으면 사람들이 곧바로 자연 상태로 돌아가게 될 테니까요.

이제 국가는 '리바이어던'이 되어야 해요. 무슨 뜻이냐고요? 리바이어던은 홉스가 발표한 책의 제목이기도 하지만, 성경에 나오는 거대한 동물이에요. 이 동물은 절대적인 힘으로 바다 속 동물들을 지배하지요. 홉스는 국가가 리바이어던처럼 절대 권력을 가져야 한다고 생각했답니다. 이러한 홉스의 사상은 왕이 큰 힘을 가지고 통치하던 당시의 절대 왕정을 지지하는 역할을 했어요.

리바이어던
성경에 나오는 절대적인 힘을 가진 거대한 동물이에요.

하지만 사람은 태어날 때부터 누구나 생명과 자유의 권리를 갖고 있다는 홉스의 '자연권' 사상은 로크와 루소로 이어지면서 국민 주권 사상을 탄생시키지요. 국민 주권 사상은 모든 권력은 국민에게 있다는 사상으로, 근대 시민 국가를 세우는 이론적 토대가 되었답니다.

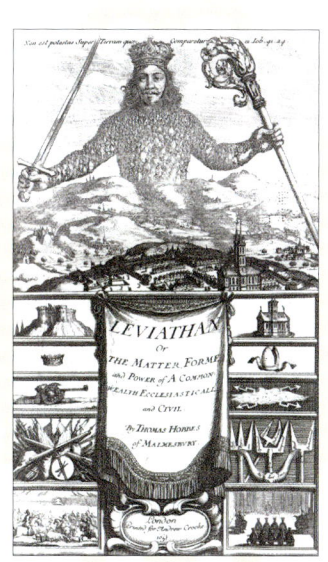

홉스가 쓴 《리바이어던》
홉스는 교회로부터 해방된 국가를 표현하며 책 제목을 강력한 힘을 가진 동물인 리바이어던으로 붙였어요.

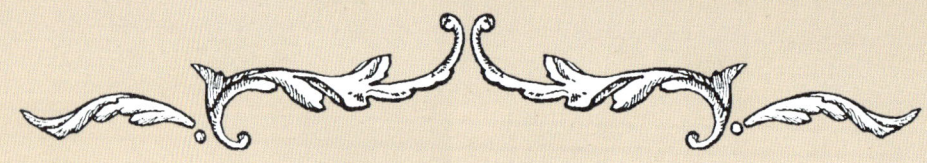

나는 생각한다, 그러므로 나는 존재한다!

근대의 사람들은 무엇이든 확실하고 분명하게 설명하기를 원했어요.
우리가 오래전부터 믿고 있던 것에 대해서도 정확한 원인과 결과를 알고 싶어 했지요.
이것이 근대적 합리 정신이에요. 르네 데카르트 또한 너무나 확실하고 분명한
철학적 답이 무엇인지를 찾기 위해 연구했어요. 바로 이것이 근대 철학의 시작이랍니다.

근대 철학의 창시자, 데카르트

1600년대에 들어 세상이 크게 바뀌었어요. 자연과 과학, 인간과 철학의 관계에 대한 생각들도 이전과는 확연하게 달라졌고요.

데카르트는 근대의 새로운 생각들을 서로 연관된 하나의 철학 체계로 통합하려고 시도한 최초의 철학자였어요. 철학 체계란 철학의 모든 중요한 문제들을 짜임새 있게 연결하여 일관성이 있는 전체 목적을 만드는 것이에요.

데카르트가 처음으로 철학 체계를 세웠고, 그 뒤를 이어 스피노자, 라이프니츠, 로크, 흄, 칸트가 등장해 근대 철학을 발전시켜 나갔어요. 그래서 데카르트를 '근대 철학의 창시자'라고 한답니다.

르네 데카르트(1596~1650년)
근대 철학의 창시자이자 합리주의의 대표 철학자예요.

경험을 믿지 마라

우리는 앞에서 인간의 지식은 경험에서 시작한다는 경험주의를 배웠어요. 경험은 우리가 보고, 듣고, 냄새 맡고, 느끼는 감각에서 시작하고요. 하지만 데카르트는 경험을 통해 얻은 지식은 정확한 것이 아니라고 했어요.

사람들마다 다른 주관적인 지식일 뿐이라고요. 그리고 전체를 알 수 있는 것이 아니라, 일부분만 아는 단편적 지식이라고 했지요.

예를 들어, 앞이 안 보이는 사람이 우연히 길을 가다 코끼리의 커다란 다리와 부딪쳤다고 생각해 보세요. 그는 깜짝 놀라 멈춰서 생각하겠지요. '아, 이곳에 커다란 집이 있구나. 이건 바로 집의 기둥이겠군!'이라고요.

그래서 데카르트는 경험이 아닌 이성을 통해 진리를 찾아야 한다고 주장했어요. 그는 이성을 잘 사용하면 오류를 저지르지 않고 사물에 대한 확실한 지식을 얻을 수 있다고 했지요. 그러니까 시각 장애인이 올바른 코끼리의 모습을 떠올리려면 오로지 이성을 사용해야 한다는 거예요.

소크라테스나 플라톤처럼 데카르트도 이성만이 우리에게 분명한 지식을 줄 수 있다고 생각했어요. 그래서 그는 한결같이 "우리의 감각이 알려 주는 것은 믿을 수 없다."라고 주장했답니다.

우리는 앞에서 이성을 유일한 인식의 원천으로 생각한 철학자들을 공부했어요. 이들의 철학을 '합리주의'라고 해요. 또 합리주의를 주장한 철학자들을 '합리주의자'라고 한답니다.

나는 생각한다. 그러므로 나는 존재한다

데카르트 철학의 시작은 '우리가 무엇을 알 수 있는가?'였어요. 그래서 그는 의심할 여지없이 확실한 지식을 찾기 위해 모든 것을 의심해 보았어요. 우리의 감각이 전달하는 것은 절대 믿지 않고요. 심지어 그는 자신이 살아 있다는 것조차도 의심했다고 해요.

이렇게 철저하게 모든 것을 의심하던 그는 확실한 사실을 하나 알게 됐어요. 그는 자기가 모든 것을 의심하고 있으며, 또한 이것이 자기가 확신

할 수 있는 유일한 사실이라는 것을요.

모든 것을 의심한다 해도 더 이상 의심할 수 없는 단 하나의 사실은? 그것은 바로 '내가 의심하고 있다는 사실'이었던 거예요.

데카르트가 의심한다면, 그가 생각한다는 것 역시 확실해요. 그리고 그가 생각한다면, 그가 생각하는 존재라는 것 또한 확실하지요. 그러므로 인간은 생각하는 존재라는 사실 외에는 확실한 게 하나도 없다는 결론에 이르게 돼요. 그래서 데카르트는 외쳤어요. "나는 생각한다. 그러므로 나는 존재한다."

데카르트가 쓴 《방법서설》
그는 이 책에서 "나는 생각한다. 그러므로 나는 존재한다."라는 확실한 사실을 밝혔어요.

이렇게 데카르트는 생각하는 인간과 이성의 역할을 강조했어요. 그리고 이성의 능력으로 신이 창조한 세계에 대한 지식에 도달할 수 있다고 했지요. 그의 철학은 이후에 등장하는 스피노자와 칸트, 헤겔과 같은 철학자들에게 아주 큰 영향을 주었답니다.

누워서 좌표를 발견하다

어느 날 침대에 누워서 생각을 하던 데카르트는 천장에 붙어 있는 파리를 보았어요. 그리고 그 파리의 위치를 나타낼 수 있는 방법이 없을까 고민했지요. 그러다가 '좌표'를 생각해 냈어요. 그는 천장에 서로 만나는 두 선을 그렸어요. 이 두 선을 각각 가로축과 세로축이라고 했어요. 파리의 위치는 가로축과 세로축의 값으로 표시할 수 있었어요. 데카르트의 좌표는 우리 일상생활에서 너무도 많이 사용되는 대단한 발견이에요.

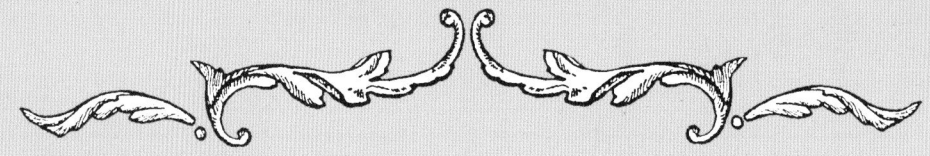

지식을 얻는 두 가지 방법

근대의 철학자들은 지식을 얻을 수 있는 방법에 대해 깊은 고민을 하였어요.
그리고 지식을 얻는 두 가지 방법을 주장했지요.
경험주의자들의 귀납법과 합리주의자들의 연역법이에요.
귀납법과 연역법에 대해 더 자세히 공부해 볼까요?

귀납법

베이컨은 우상을 없애는 길이 확실한 지식에 이르는 길이라고 했어요. 사물에 대한 편견과 선입견에서 벗어나는 것이 무엇보다 중요하기 때문이에요. 그래서 그는 모든 선입견을 지우고 사물을 관찰하는 데서 철학을 시작했답니다.

그는 개개의 사물이나 현상을 관찰하여 그 속에 감추어진 진리를 발견해야 한다고 말했지요. 그 방법이 바로 '귀납법'이에요. 귀납법은 인간의 다양한 경험, 실험 등의 결과를 일반화하여 결론을 내리는 방법으로, 개별적 사실로부터 일반적 법칙을 이끌어 내지요.

베이컨은 각각의 사실들이 지닌 공통점을 추출하여 결론을 내리는 귀납법이야말로 확실한 지식을 얻는 방법이라고 했어요.

연역법

데카르트는 귀납법을 지식을 얻기 위한 길이라고 생각하지 않았어요. 그가 주장한 방법은 '연역법'이에요. 연역법은 확실한 사실, 명백한 진리에서 출발해서 다른 개별적 진리를 이끌어 내는 방법이지요. 무엇보다 이성의 역할을 중시하는 연구 방법이랍니다.

이것이 연역법의 증명 순서예요. 데카르트에게 '모든 사람은 죽는다.'는 어떤 의심도 없이 받아들일 수 있는 진리였지요. 이 진리에서 시작하여 개별적 진리를 이끌어 냈어요. 여러분은 귀납법과 연역법 중 어떤 방법이 진리를 찾는 데 더 적합하다고 생각하나요?

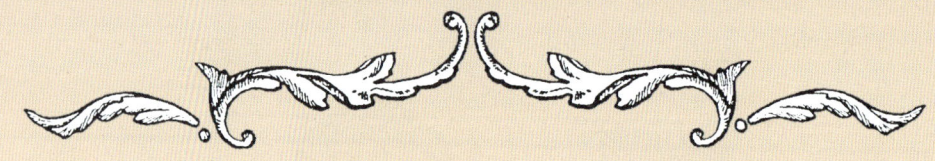

신이 따로 있나, 모두가 신이지!

바루흐 스피노자는 당시의 철학자들에게 큰 충격을 준 철학자예요.
그는 정신과 육체가 따로 있다는 생각을 인정하지 않았거든요.
그의 새로운 철학은 다른 철학자들에게 새로운 길을 열어 주었어요.
헤겔은 "모든 철학자는 스피노자주의자이다.
아니면 철학자가 아니다."라고 말하기도 했답니다.

안경 렌즈 깎는 철학자

스피노자는 네덜란드의 암스테르담에서 태어난 포르투갈계 유대인이에요. 가족들은 그가 유대교를 공부하기 바랐지만 그는 유대교와는 거리가 먼 수학과 과학에 관심이 많았어요. 심지어 유대교를 강하게 비판하기도 했지요. 결국 스피노자는 이단으로 고발당해 유대교 교단에서 추방되었어요. 이후 그는 헤이그의 작은 마을에서 조용히 지내며 생이 다할 때까지 철학에만 매진했답니다.

스피노자는 당시 유명한 철학자들과 편지를 주고받으며 지식을 쌓아 나갔는데, 차츰 전 유럽에 그의 이름이 알려졌어요. 1673년에는 독일 하이델베르크 대학에서 철학 교수로 초청받았지만 철학에 몰두할 수 없다는 이유로 거

바루흐 스피노자(1632~1677년)
물질과 정신이 하나라고 주장하며 데카르트의 철학에 반기를 들었어요. 그의 철학은 서양 근대 철학에 큰 영향을 주었어요.

절했지요. 그는 평생 안경 렌즈를 깎으며 돈을 벌었답니다.

자연이 신이다

스피노자에게 가장 큰 영향을 끼친 철학자는 데카르트였어요. 그도 데카르트처럼 연역적 방법으로 철학을 증명해야 한다고 생각했지요. 하지만 정신과 물질에 관한 생각은 데카르트와 아주 달랐어요.

데카르트는 정신과 물질이 따로따로 존재하는 실체라고 했지요. 실체란 자신이 존재하기 위해서 다른 어떤 것에도 의존하지 않는 것을 말해요.

먼저 물질에 대해서 알아볼까요? 여러분 앞에 나무가 한 그루 있다고 상상해 보세요. 이 나무는 크기와 무게를 가지고 있어요. 한 발짝 다가가서 만져 보면 까슬까슬함이 느껴지고, 냄새도 날 거예요. 이런 존재를 물질이라고 해요.

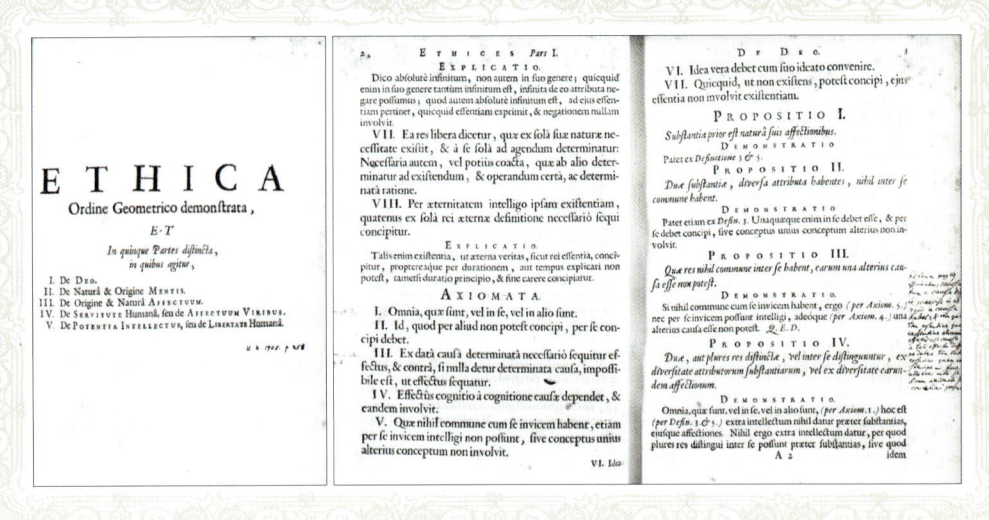

스피노자가 쓴 《에티카》
그의 사상이 모두 담겨 있는 책이에요.

그럼 정신은 무엇일까요? 우리 머릿속에 있는 나무에 대한 모든 생각들이라고 할 수 있어요. 영혼이나 마음, 사상도 되고요. 이런 나무에 대한 생각은 크기나 무게를 가지고 있지 않아요. 만져 볼 수도 없지요.

스피노자는 물질과 정신이 하나로 통합되어 있다고 생각했어요. 나무의 물질 속에 나무의 정신이 들어 있다고요. 그것이 가능한 일인지, 스피노자의 생각을 한번 따라가 볼까요?

스피노자는 모든 존재가 신에서 출발한다고 생각했기 때문에 물질과 정신의 통합이 가능했어요. 그가 말하는 신이란 모든 존재가 있기 위해서는 반드시 있어야 하는 조건이에요. 그는 사물과 신이 따로따로 있다고 생각하지 않았어요. 그러니까 신은 그대로 자연이고, 자연은 그대로 신이라는 거지요. 또 그는 신이 자연을 창조했다는 생각을 버려야 한다고 주장했어요. 신이 하늘에서 자연을 창조하고 굽어보고 있다는 생각 말이에요. 스피노자가 말하는 신은 그저 자연 그 자체랍니다.

모든 것은 결정되어 있다

스피노자는 물질과 정신이 모두 신으로부터 나왔기 때문에, 이 세상 만물은 신이 정한 계획대로 움직이고 있다고 했어요. 즉, 이 세상의 모든 일은 이미 그렇게 일어나도록 결정되어 있다는 거지요. 그러니까 자연은 필연적인 질서에 따라 움직이는 커다란 기계와 같다는 거예요. 하지만 보통 사람들은 충분히 이성적이지 않아서 이 질서를 알지 못하기 때문에 늘 불안에 떨어야 한다고 했어요.

그러나 누군가 철저하게 이성적인 사람이 있다면, 그는 자연에서 일어나는 모든 일들의 원인과 결과를 다 알 수 있을 거예요. 그래서 그가 세상에 우연히 제멋대로 일어나는 일이 없다는 것을 알게 된다면, 세상의 모든 일이 의미가 있다는 것을 알게 된다면, 그는 더 이상 실망하거나 화를 내지 않게 되겠지요. 그리고 그 사람은 진정으로 마음의 평화를 얻어 자연과 참된 조화를 이룰 수 있을 거예요.

스피노자는 본능이나 감정에 좌우되지 않고 전체를 살펴서 올바른 행동을 하도록 돕는 것이 바로 이성이라고 했어요. 그는 감정이나 본능을 철저히 불신하고, 이성을 무한히 신뢰한 합리주의자였지요.

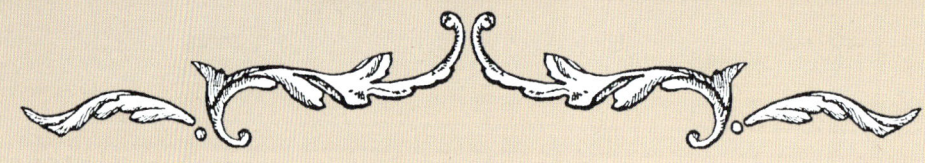

갓난아기는 어떻게 지식을 얻어요?

1600년대에는 이성을 중요하게 생각한 합리주의가 사람들의 큰 지지를 받았어요.
그런데 1700년대에 들어서면서 합리주의는 점점 비판을 받기 시작했지요.
우리가 감각으로 경험하지 못한다면 아무런 지식을 갖지 못한다는 주장이 힘을 얻어 갔거든요.
그 중심에 존 로크가 있었어요.

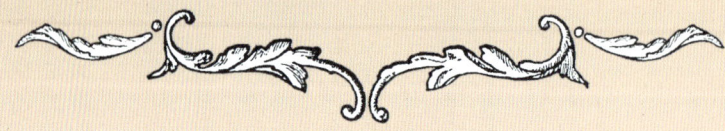

경험주의의 대가

베이컨에서 출발한 경험주의 사상은 로크에 의해 비로소 철학적 체계를 갖추게 되었어요. 로크는 '우리의 지식은 어떻게 얻어지는가?'라는 문제에 집중해, 경험만이 지식의 원천이라고 확고하게 말했지요. 그는 데카르트와 정반대의 길에서 또 하나의 거대한 산을 만들었답니다.

로크는 어떤 것을 감각하기 전에 우리 의식은 '아무것도 쓰지 않은 칠판'과 같다고 했어요. 또는 '아무것도 들여놓지 않은 방'과 같다고도 했어요. 그 방은 무엇으로 채워지게 될까요? 우리의 감각으로 보고 듣고 느낀 것들로 들어차겠지요. 어린아이가 자라면서 보고 듣는 감각을 통해 세상을 알아가는 것처럼요.

존 로크(1632~1704년)
영국 경험주의의 대가예요. 인간은 선천적인 관념 없이 백지 상태로 태어난다고 주장했어요.

지식은 경험에서 시작된다

이제부터 로크의 철학을 더 자세히 알아볼까요? 그는 "우리의 모든 생각은 감각에 대한 반성을 통해 생긴다."라고 했어요. 철학적인 의미의 '반성'은 우리가 처음 배우는 개념이니 주의 깊게 살펴보아요.

우리는 주변을 보고, 냄새를 맡고, 맛을 보고, 느끼고, 소리를 들어요. 예를 들어, 어린아이가 처음 사과를 먹는 장면을 생각해 보아요. 아이는 오늘 빨갛고 동그란 사과를 처음 보았어요. 그리고 사과를 한입 가득 베어 먹었지요. 그랬더니 새콤달콤한 맛이 입안 가득 퍼지는 게 아니겠어요! 이때 아이는 감각을 통해 '빨갛다', '동그랗다', '새콤달콤하다'라는 사과의 기본 성질을 파악하게 돼요.

> ***관념**
> 어떤 일에 대한 견해나 생각

그리고 아이는 이 감각을 통하여 '사과는 빨갛고 동그랗고 새콤달콤한 과일'이라는 사과에 대한 특별한 생각, 즉 관념*을 만들어 가게 된답니다. 로크는 이렇게 감각을 근거로 다시 생각하고, 의심하고, 정리하여 관념을 만드는 과정을 '반성'이라고 했어요.

아이는 사과를 시작으로 '배', '귤'에 대한 관념도 만들어 갈 테지요? 로크는 이렇게 경험을 통해 어린아이가 하나씩 지식을 쌓아 간다고 했어요. 그래서 지식을 주는 자료는 결국 감각밖에 없다고 말한 거예요.

감각과 세계는 일치할까요?

로크는 여기서 그의 철학을 멈추지 않았어요. '정말 우리가 감각하는 그대로 세계가 있을까?'라는 질문이 남아 있었거든요. 크기나 모양, 무게에 대해서는 모든 사람의 생각이 똑같을 수 있어요. 사과를 보고 네모나다고 생각하는 사람은 없을 테니까요. 누구나 사과는 둥글다고 생각할 거예요.

하지만 색과 맛은 사람에 따라 다를 수 있지요. 그럼 누구의 맛이 진짜일까요? 사람마다 감각한 세계가 다른데 말이에요. 하나의 사과를 어떤

친구는 아주 달다고 말하고, 어떤 친구는 너무 시어 못 먹겠다고 내팽개칠 수 있잖아요.

그래서 로크는 크기나 무게와 같이 모든 사람이 똑같이 경험하는 관념을 '제1성질'이라고 했어요. 제1성질은 물체로부터 분리할 수 없는 것이에요. 이에 비해 냄새, 맛과 같이 사람에 따라 달리 느끼는 관념을 '제2성질'이라고 했지요. 로크는 제1성질이 바로 물질의 본질을 이룬다고 했어요. 그럼 우리가 감각하는 그대로 실제 존재하는 것은 무엇일까요? 바로 제1성질이지요. 제2성질은 우리가 감각을 통해 얻은 주관적인 생각일 뿐이고요.

이렇게 로크는 경험을 통하여 인간의 인식이 전개되는 과정을 잘 설명했어요. 그는 인간의 이성이 경험 없이는 제 역할을 할 수 없다고 주장했어요. 이런 로크의 주장은 서양 철학의 토대를 더욱 튼튼하게 만들었답니다.

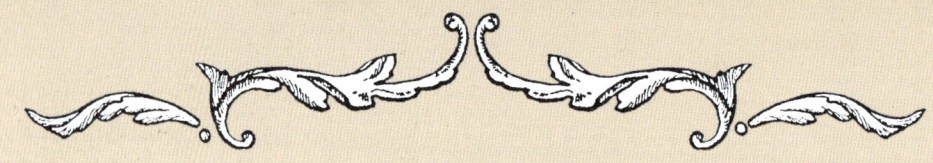

페가수스는 상상의 동물이 아니다?

우리가 꼭 만나야 할 위대한 경험주의자가 또 있어요.
바로 데이비드 흄이에요. 그는 로크의 철학을 발전시켜
경험주의를 완성시켰다는 평가를 받고 있지요.

생생한 인상은 책의 원본

흄도 로크와 마찬가지로 사람이 세계에 대해 알게 되는 것은 감각에서 시작된다고 믿었어요. 그리고 로크에서 더 나아가 인간의 정신에 나타나는 것은 모두 '인상'과 '관념'으로 나누어진다고 했어요. 그가 말한 인상이란 현실에서 얻은 직접적인 감각이에요. 그러한 인상에 대한 기억이 바로 관념이고요. 예를 들어 볼까요?

만일 뜨거운 불에 화상을 입으면 우리는 뜨겁다는 직접적인 '인상'을 받게 돼요. 그 인상은 오랫동안 기억에 남게 되지요. 그것을 '관념'이라 해요.

또 다른 예를 들어 볼까요? 여러분이 길을 가다 큰 나무를 보지 못해 세게 부딪쳤어요. 나무에 부딪쳤을 때의 아

데이비드 흄(1711~1776년)
경험주의 철학자예요. 인간의 정신은 인상과 관념으로 나누어진다고 말했어요.

품은 인상이에요. 이 경험으로 우리는 아픔에 대한 관념을 가지게 되는 것이고요. 또 내 고통을 통해서 '모든 사람은 어딘가에 부딪치면 고통을 느낀다.'라는 지식을 얻게 되는 것이랍니다.

  인상은 훗날의 기억인 관념보다 더 강하고 생생해요. 그래서 흄은 감각적인 인상을 '책의 원본'에, 관념을 '빛바랜 복사본'에 비유했지요.

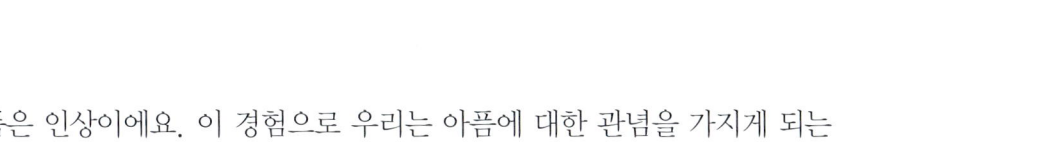

날개 달린 말의 정체

그렇다면 현실 속에 존재하지 않는 것들에 대한 관념은 어떻게 생겨난 것일까요? 여러분은 상상의 동물인 날개 달린 말, 페가수스를 알고 있을 거예요. 그런데 이 페가수스는 순전히 인간의 상상력으로 만들어진 것일까요?

조금만 깊이 생각해 보면 우리의 상상은 경험의 테두리를 벗어나지 못한다는 걸 알 수 있어요. 페가수스는 새의 인상에서 날개를 가져오고, 말의 인상에서 몸과 다리를 가져온 것이니까요. 그것들은 이미 우리가 현실에서 직접 본 것들이잖아요. 페가수스는 순전히 상상력만으로 만들어진 게 아니었던 거지요.

흄은 우리의 의식은 근본적으로 아무것도 발명하지 않는다고 했어요. 다만 머릿속에서 가위와 풀을 들고 이런 저런 인상들을 오려 내 구성할 뿐이라고 했지요. 그는 '이 관념은 어떤 인상에서 왔는가?'라는 질문을 통해 우리의 생각과 지식을 정리했어요.

이렇듯 관념은 인상 없이 만들어질 수 없어요. 그래서 흄은 어떤 관념을 만들어 내는 인상이 무엇인지 말하기 어렵다면 한번쯤 그 관념이 진실일까 의심하고 궁극적인 판단을 해서는 안 된다고 했어요. 이것을 '회의론'이라고 해요.

지독한 의심을 하다

의심이 많은 흄은 더 나아가 과학적으로 밝혀진 원인과 결과까지 의심하기 시작했어요. 그는 관념은 인상에서 나온다고 했어요. 그렇다면 당연히 원인과 결과라는 관념도 어떠한 인상에서 나와야 하지요. 그런데 원인과 결과에 해당하는 인상이 없다면 어떡하죠? 그렇다면 '그 법칙은 확실한가?'라고 의심해야 하죠!

우리는 어떤 물건을 떨어뜨리면 그 물건이 아래로 떨어질 것이라고 예상해요. 왜요? 지금까지 늘 그랬으니까요. 하지만 만일 내일 물건을 떨어뜨렸을 때 아래로 떨어지지 않으면 어떡하죠? 우리가 그동안 알고 있던 지식은 한순간에 거짓이 되겠군요.

흄은 이렇게 원인과 결과가 있는 자연 법칙은 반복적인 경험을 통해 우리의 기억 속에 새겨진 기대가 쌓인 것뿐이라고 생각했어요. 예를 들어, 자연 법칙을 인정한다는 것은 갈색 암소밖에 본 적 없는 사람이 '모든 암소는 갈색'이라고 생각하는 것과 같다는 것이지요. 그래서 그는 과학적 지식조차 아주 확실한 건 아니라고 했답니다.

흄은 아주 지독한 의심을 품음으로써 극단적인 경험주의 철학을 만들었어요. 그의 철학은 독일 철학의 거장 칸트에게 결정적인 영향을 주었답니다.

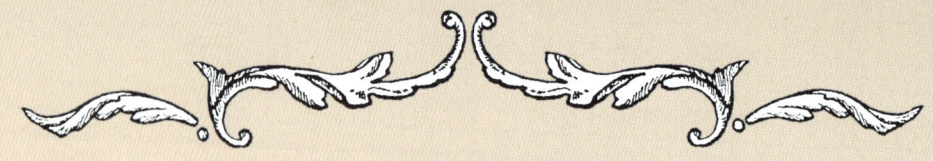

모두 자연으로 돌아가라

장 자크 루소는 프랑스의 천재 사상가이자 혁명적인 교육 철학자예요.
그의 철학은 당시 크게 유행해, 철학과 정치, 교육, 문화에 많은 영향을 주었어요.
독일의 철학자, 칸트는 루소의 책을 읽고 번개를 맞은 것처럼
깨달음을 얻었다고 말했지요.

자연은 고결한 야만

루소의 철학은 '자연 상태'에서 시작해요. 혹시 '자연 상태'하면 떠오르는 철학자가 있나요? 바로 앞에서 공부한 홉스지요. 하지만 홉스와 루소가 자연 상태를 바라보는 관점은 정반대였어요.

홉스의 자연 상태는 개인이 자신의 이익만을 위해 다투는 '만인의 만인에 대한 투쟁' 상태였지요. 하지만 루소는 자연 상태가 인간이 자유롭고 행복하게 살아가는 가장 아름다운 상태라고 했어요. 그는 인간의 본성은 원래 착하고 순진하다고 믿었던 거예요.

루소는 인간은 자연 상태에서 벗어나 사회 제도나 문화 속에 들어가면서 부자연스럽고 불행한 삶을 살게 된다고

장 자크 루소(1712~1778년)
그는 "인간은 자유롭게 태어났지만 사회 속에서 쇠사슬에 묶여 있다."라고 했어요. 그의 사상은 1700년대 유럽 사회에 큰 영향을 주었어요.

했지요. 갓 태어난 어린아이들은 아주 순수하고 선해요. 하지만 자라면서 나쁜 생각을 배우거나 이기적으로 변하지요. 그렇다면 사회와 문화가 아이를 망가뜨리는 것은 아닐까요? 그래서 루소는 사회와 문화를 비판하며 다시 자연 상태를 되찾아야 한다고 주장했어요.

그는 인간다운 삶을 위해 모두 "자연으로 돌아가라!"라고 외쳤어요. 하지만 사람들은 문화가 없는 자연 상태는 야만이라고 비판했지요. 이에 대해 루소는 그것은 '고결한 야만'이라고 반박했답니다.

불평등은 어떻게 생겼나

그런데 루소가 말한 자연 상태에서는 모두가 평등할까요? 개인마다 건강 상태가 다르고, 두뇌의 명석함이 다르고, 신체적 조건이 다르잖아요. 루소는 이런 '자연적 불평등'은 아무 문제가 되지 않는다고 했어요. 자연적 불평등은 사랑과 동정심으로 모두 극복할 수 있다고요.

대신 진짜 문제는 '인위적 불평등'이라고 했지요. 루소는 인위적 불평등은 사람들의 개인 재산인 '사유 재산'이 생기면서 발생했다고 했어요. 어느 날 힘 있는 사람이 땅에 울타리를 치고 '여기는 내 땅'이라고 선언하면서 사유재산이 생겼다고 했지요. 그리고 이때부터 인간의 진짜 불평등

루소의 시신이 묻힌 프랑스의 판테온이에요. 이곳에는 빅토르 위고, 퀴리 부인 등 프랑스 영웅들의 무덤이 있어요.

자연으로 돌아가라!

루소

이 시작됐다고요. 이후 힘 있는 사람들은 자신의 사유 재산을 보호하기 위해 법과 정치 제도를 만들었고, 이로써 자연 상태에서 사람들이 누리던 자유와 평등은 완전히 없어졌다고 했지요. 그렇다면 이 제도는 당연히 변해야 하지 않을까요? 루소도 홉스와 같은 해결책을 내놓았어요.

루소 또한 자연 상태의 인간은 '계약'을 통해 국가를 만들어야 한다고 했지요. 인간의 권리 일부분을 양보함으로써 자신의 의지를 국가의 뜻에 맞추고, 국가는 개인들의 자유와 평등을 보장해 주어야 한다는 거예요. 또 국가의 법은 국민의 뜻을 모아서 만들어야 하고, 통치자도 국민의 한 사람이기 때문에 절대로 법 위에 군림할 수 없다고 주장했어요.

루소의 이런 사상은 국가의 주권은 국민으로부터 나온다는 국민 주권 사상으로 발전했어요. 그리고 프랑스 혁명*과 미국 독립 전쟁*의 사상적인 기초가 되었답니다.

> ***프랑스 혁명**
> 1789년부터 1799년까지 일어난 프랑스의 시민 혁명. 절대적인 권력을 누리던 왕과 귀족을 무너뜨리고, 자유, 평등, 박애의 이념으로 프랑스의 사회, 정치, 사법 구조를 바꿈.
>
> ***미국 독립 전쟁**
> 1775년 미국의 13개 영국령 식민주가 일으킨 전쟁. 이 전쟁으로 미국은 영국으로부터 독립함.

천재적인 교육 철학자

루소는 또 소설 《에밀》에서 교육 철학을 밝혀 그의 사상만큼이나 큰 관심을 받았어요. 그는 "참된 교육은 아이들이 사회로부터 나쁜 물이 드는 것을 최우선적으로 막는 것이다."라고 했어요.

그리고 강요와 지시를 내리는 교육은 아이들을 틀에 맞게 길들이는 비인간적인 교육 방법이라고 비판했어요. 그래서 그는 자연을 강조했지요. 아이들은 자연 속에서 경험을 통해 자유와 평등을 스스로 배워 간다고요. 독일의 철학자, 칸트는 《에밀》의 출간은 프랑스 혁명과 같은 역사적 사건이라고 극찬했답니다.

근대에 일어난 산업 혁명과 프랑스 혁명은 전 유럽에 큰 영향을 주었어요. 영국에서 시작된 산업 혁명은 유럽의 시민 계급에 부와 힘을 가져다 주었어요. 오랜 세월 억압을 견뎌 낸 시민 계급은 모든 사람이 자유롭고 평등하다고 외치며 프랑스 혁명을 일으켰어요. 프랑스 혁명은 철학에도 큰 영향을 주었어요. 이제 철학은 인간과 역사, 인간의 권리와 정치 원칙에 관한 이론을 내놓기 시작했어요.

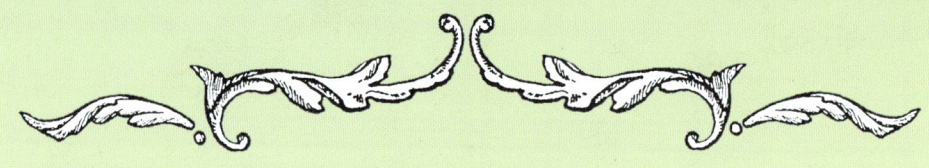

유럽을 집어삼킨 태풍, 산업 혁명

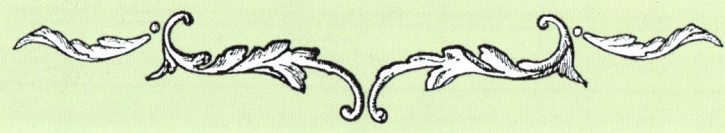

1700년대 영국 안팎에서는 면으로 된 옷감이 크게 인기를 끌었어요. 그러자 사람들은 제임스 와트가 개량한 증기 기관을 이용해 면직물을 대량 생산했어요. 이를 산업 혁명의 시작으로 본답니다. 그 후 무수히 많은 기계가 발명되어 산업을 발전시켰어요. 이때부터 기계는 물건을 만드는 데 아주 중요한 역할을 하게 되었지요. 이러한 기술 발전은 곧바로 유럽 전역으로 퍼져 나가 공업이 빠르게 발전하였답니다.

유럽을 집어삼킨 산업 혁명은 경제생활에 혁명적인 변화를 가져왔을 뿐만 아니라 정치도 크게 바꾸어 놓았어요. 산업 혁명으로 부를 모은 시민 계급이 힘을 얻고 귀족과 지주가 지배하는 체제가 무너졌거든요.

내 증기 기관은 열에너지를 기계적인 일로 바꾸는 장치야. 영국의 산업 혁명을 촉진했지.

시민 계급은 사회 모든 분야에서 큰 활약을 펼치면서 정치의 중심으로 나오려고 호시탐탐 기회를 엿보고 있었어요.

1789년, 마침내 시민 계급은 프랑스 혁명을 일으켰어요. 그들은 왕을 처형하고, 시민이 정치에 참여할 수 있는 민주 공화정을 선포했어요. 그리고 자유와 평등, 박애를 내세우며 모든 사람이 자유롭고 평등하다고 외쳤지요. 사람들 사이에는 어떤 계급도 존재하지 않는다는 사상은 수많은 사람들이 피를 흘려 얻어 낸 아주 귀중한 인류 정신이었어요. 프랑스 혁명은 그 정신을 지키려는 혁명이기도 했지요.

프랑스 혁명은 전 유럽을 송두리째 흔들어 놓았어요. 혁명 정신이 온 유럽으로 퍼져 나가고 사람들은 서서히 깨어나기 시작했지요.

프랑스 혁명은 철학에도 큰 영향을 주었어요. 이제 철학은 본격적으로 인간과 역사에 대해 연구하고, 인간의 권리와 정치 원칙에 관한 구체적인 이론을 내놓았지요. 프랑스 혁명이 없었다면, 또 프랑스 혁명 정신이 없었다면 칸트나 헤겔, 마르크스의 철학은 등장하지 않았을지도 모른답니다.

들라크루아가 그린 〈민중을 이끄는 자유의 여신〉
프랑스 혁명은 전 유럽의 정치와 철학에 큰 영향을 주었어요.

합리주의와 경험주의를 종합하다

근대에 이를 때까지 독일에서는 중요한 철학자가 등장하지 않았어요.
독일은 철학의 불모지였던 거예요.
그런 독일에서 근대 철학의 혁명이 일어났어요.
그 혁명을 일으킨 철학자는 바로 이마누엘 칸트였지요.

철학의 혁명가

칸트는 평생을 쾨니히스베르크라는 작은 마을에서 보냈어요. 그는 엄격한 자기 관리를 하며 평생 동안 학문에 정열을 기울여, 1781년에 《순수 이성 비판》이라는 책을 냈어요. 칸트는 이 책에서 '우리는 무엇을 알 수 있는가?'라는 질문에 답하며 철학의 역사를 비판하고 종합했지요.

이후에는 《실천 이성 비판》과 《판단력 비판》이라는 책을 냈어요. 제목이 '비판'으로 끝나는 것은 과거의 철학을 비판적으로 연구했기 때문이에요. 《실천 이성 비판》은 '우리는 무엇을 해야 하는가?'라고 물으며 윤리와 도덕의 문제를 탐구한 책이고, 《판단력 비판》은 예술에 대한 문제를 다룬 책이에요.

이마누엘 칸트 (1724~1804년)
독일 관념론의 기초를 닦은 철학자예요. 《순수 이성 비판》에서 이성의 구조와 한계를 철저하게 밝혔어요.

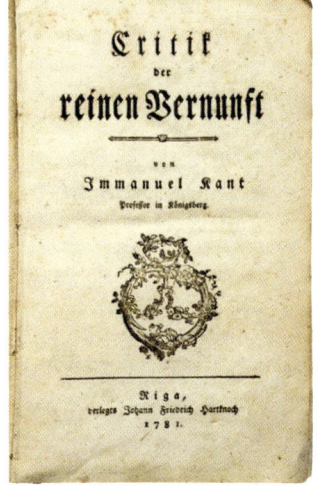

칸트가 철학을 공부한 쾨니히스베르크 대학교(현재 이름은 국립 이마누엘 칸트 대학교)예요. 그는 이곳에서 학생들을 가르치며 《순수 이성 비판》 등의 책을 썼어요.

칸트가 쓴 《순수 이성 비판》

합리주의와 경험주의를 넘어

칸트는 원래 합리주의를 따르던 철학자였어요. 그러나 흄의 회의론을 접하고 긴 잠에서 깨어났다고 고백했어요. 앞에서 합리주의자들이 전혀 의심하지 않았던 '원인이 있으면 반드시 결과가 따라온다.'라는 법칙을 흄이 '기대가 쌓인 것일 뿐'이라고 했던 거 기억하나요? 흄의 회의론을 다시 설명할게요. 예를 들어, 우리가 지금까지 본 모든 까마귀가 까맣다고 해서 이 세상의 모든 까마귀가 까맣다고 말할 수 없다는 거예요. 어느 날 흰색 까마귀가 나타나면 지금까지 믿었던 진실은 거짓이 되니까요.

그래서 칸트는 합리주의와 경험주의 모두 부분적으로 옳을 뿐, 틀린 부분도 있다고 생각했어요. 합리주의자에게 이성은 절대적이었어요. 그들은 이성으로 세계를 설명하려고 했지요. 하지만 그 이성이란 결국 철학자 자신의 이성일 뿐이지요. 그들은 자신의 이성으로 자신의 판단이 옳다는 착각을 하는 것은 아니었을까요?

반대로 경험주의자에게는 경험이 절대적이었어요. 하지만 그들은 경험에 기대지 않더라도 지식을 얻을 수 있는 인간의 능력을 잊고 있었어요. 예를 들어, 우리는 수학 문제를 풀 때 경험이 아닌 이성을 사용해 풀잖아요. 칸트는 이렇게 합리주의와 경험주의를 비판하고 종합하여 하나의 체계를 만들었어요.

'감각' 자료와 '이성' 공장

칸트는 이성은 태어나면서부터 가지고 있는 능력이라고 했어요. 그래서 우리는 경험하지 않아도 아는 것이 가능한 거예요. 그것을 '선험(先 먼저 선 驗 경험할 험)적'이라고 한답니다.

또 칸트는 우리가 지식을 얻는 과정을 하나하나 분석했어요. 우리는 보고 듣는 경험을 통해 색과 소리 등의 자료를 얻어요. 하지만 이 자료들은 너무나 무질서하지요. 이성은 이 자료들을 정리하고 통일하여 질서 있는 지식으로 만들어요. 경험을 통해 얻은 감각 자료들은 이성을 통해 체계적인 지식이 되는 거죠.

칸트 성당
칸트가 묻힌 성당이에요. 당시에는 독일 땅이었지만 지금은 러시아 땅인 칼리닌그라드에 있어요.

그런데 우리의 이성에 진짜 그런 능력이 있을까요? 칸트는 이성을 절대적으로 신뢰했어요. 그는 우리의 이성은 인식을 위한 각종 장비를 갖춘 공장과 같다고 설명했지요. 아무리 좋은 원료가 많다고 해도 공장의 기계가 원료를 적절하게 가공하지 않는다면 제품이 만들어지지 않고 원료는 아무 쓸모가 없잖아요? 마찬가지로 아무리 인상적인 감각 자료가 많다고 해도 이성이 그것들을 적절하게 가공하지 않는다면 지식은 만들어질 수가 없지요.

칸트는 이렇게 인간은 경험으로 얻은 자료를 선험적인 능력인 이성을 통해 지식으로 만든다고 얘기했답니다.

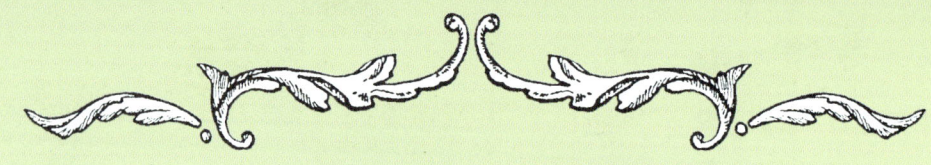

이성 안에서는 어떤 일이 생길까요?

우리는 고대 철학에서부터 인간의 이성에 대해 공부했어요.
많은 철학자들이 이성을 조금씩 다르게 설명했지만,
이성이 얼마나 중요한지를 똑같이 강조했지요.
그럼 칸트는 왜 이성을 절대적으로 신뢰했는지 그 이유를 알아볼까요?

러시아 칼리닌그라드의 칸트 성당 안에 있는 칸트의 무덤이에요.

빨강 안경으로 본 세상

먼저 칸트는 '사물'과 '현상'을 구별했어요. 만약 빨강 안경을 쓰고 세상을 보면 어떻게 보일까요? 온 사물이 붉게 보이겠죠.

칸트는 우리의 감각 기관이 바로 이 빨강 안경이라고 생각했어요. 우리는 이 빨강 안경을 통해 사물을 바라보고 있는 거지요. 그런데 모든 인간은 이 빨강 안경을 벗을 수 없어요. 따라서 인간은 인간만의 세상을 바라보고 있는 셈이지요.

그는 이 빨강 안경, 즉 인간의 조건을 통해 보이는 모습을 '현상'이라고 하고, 그

밖의 모든 것을 '사물 자체'라고 했어요. 사물 자체는 인간의 인식 조건을 벗어난 것이므로, 우리는 그것을 알 수 없답니다.

이성 안에서 생긴 일

칸트는 이처럼 인간의 인식이 가능한 범위를 분명히 정한 다음, 인식이 이루어지는 과정을 밝혔답니다.

그럼 칸트가 얘기한, 우리의 이성 안에서 인식이 이루어지는 과정을 하나하나 살펴볼까요? 제1단계는 감각 기관을 통해 자료를 받아들이는 단계예요. 칸트는 그것을 '감성'이라고 했어요. 경험주의자들은 이 단계를 경험이라고 생각했기 때문에 참된 지식을 증명할 수 없다고 했지요. 칸트는 감성 단계를 경험과 분리했어요.

제2단계는 감성이 받아들인 감각 자료를 이성이 정리하고 종합하는 단계예요.

칸트는 그 결과를 '경험'이라고 했어요. 그동안 철학자들은 감성이 인식이자 경험이라고 생각했기 때문에 오해가 빚어진 것이라고요.

즉, 우리는 감각으로 자료를 받아들이지만, 그 자료를 인식하는 일은 이성이 하는 것이죠. 이성은 단순히 감각적 인상만을 받아 적는 칠판이 아니에요. 칸트는 오히려 이성이 능동적으로 세계에 대한 인식을 구성한다고 했어요. 그는 이것을 인식에 있어 '코페르니쿠스적 혁명'이라고 했어요.

코페르니쿠스는 지구가 아니라 태양이 우주의 중심이라고 했어요. 이처럼 칸트는 사물이 우리에게 인식을 가져다주는 것이 아니라 이성이 적극적으로 사물에 대한 인식을 구성한다고 했어요.

진리에 이르는 길, '선험적 종합 판단'

칸트는 감각을 통해 받아들이는 감성과 그것을 정리하는 이성은 인간에게 선험적으로 주어진 인식의 형식이라고 말했어요. 즉, 인간이라면 누구나 감성과 이성으로 세계에 대한 참된 지식을 얻을 수 있다는 것이에요. 이것이 칸트가 진리에 이르는 유일한 방법이라고 말한 '선험적 종합 판단'이랍니다.

칸트의 '인식론'은 서로 대립하던 경험주의와 합리주의를 종합하여 하나의 체계로 만든 것이에요. 이로 인해 합리주의와 경험주의의 단점은 보완되고, 장점은 더 발전하게 되었답니다. 또한 칸트의 철학은 헤겔에게 이어져 관념을 물질보다 우선으로 보는 관념론*이 완성되었답니다.

> *관념론
> 정신적인 것을 세계의 본질로 보고, 이를 통해 물질적인 현상을 밝히려는 이론

늘어진 인간 시계

칸트는 자기 자신에게 매우 엄격한 사람이었어요. 그래서 칸트는 늘 일정한 시간에 규칙적으로 산책을 했지요. 사람들이 그의 산책을 기준으로 시계를 맞출 정도였답니다. 그런 칸트가 시간을 어긴 때가 한 번 있었어요. 바로 루소의 책인 《에밀》을 읽을 때였지요. 칸트는 그 책에 푹 빠진 나머지 매일 어김없이 나가던 산책까지 잊었다고 해요.
그가 산책하는 것을 보고 저녁 준비를 시작하던 동네 부인들은 그날 그가 나타나기를 기다리다가 저녁 준비가 늦어졌답니다.

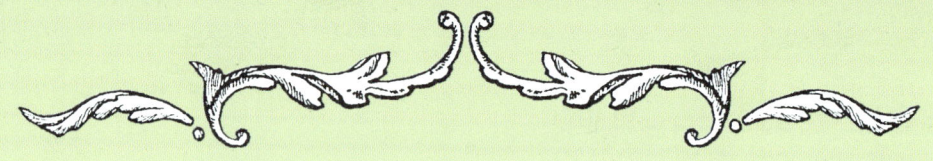

영원한 진리는 없다

게오르크 빌헬름 프리드리히 헤겔은 칸트의 철학을 이어받아
독일의 관념론을 완성한 철학자예요.
그는 처음으로 역사의 과정에서 진리를 찾은 철학자이기도 해요.
또한 자연, 사회, 역사, 국가의 발전을 체계적으로 정리했어요.
이후 그의 철학에 영향을 받지 않은 철학자가 없을 정도로
그는 위대한 철학을 세웠답니다.

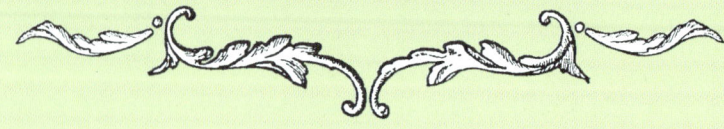

칸트를 비판한 철학의 거인

헤겔은 어린 시절부터 공부를 열심히 했어요. 그래서 친구들은 그를 애늙은이라고 불렀대요. 헤겔의 철학은 칸트의 철학을 비판하며 시작해요. 칸트는 경험으로 얻은 사물의 정보를 이성이 해석하여 진리를 얻는다고 했어요. 하지만 헤겔은 이렇게 하면 이성은 사물의 본질을 알지 못한다고 했어요. 오목 거울에 비친 찌그러진 '나'의 모습만 보고 실제 나를 알 수는 없으니까요.

헤겔은 칸트가 아무리 이성의 능력을 강조했다지만 '현상'과 '사물 자체'를 구분한 것은 큰 잘못이라고 생각했지요. 사물 자체를 알 수 있는 길을 영원히 막은 것과 같다고 말이에요.

게오르크 빌헬름 프리드리히 헤겔
(1770~1831년)
독일 관념론을 완성한 철학자예요. 정신의 모든 세계는 변증법적으로 발전한다고 주장했어요.

사물은 관념들의 종합

그래서 그는 현실은 우리 외부에 있는 것이 아니라고 했어요. 그러니까 우리가 생각하는 것은 우리 내부에 있다는 거예요. 바로 우리 의식 안에 있다는 것이지요.

여러분이 지금 배가 고프다고 가정해 볼까요? 무엇을 먹고 싶은가요? 밥, 피자, 빵, 떡 등이 떠오르지요. 이것은 모두 여러분이 이미 알고 있었던 음식이 아닌가요? 모르는 것을 먹고 싶다고 생각할 수는 없겠지요. 그러니까 여러분은 여러분이 알고 있는 것만 먹을 수 있는 거예요.

우리가 무언가를 알게 됐다면, 그것은 우리의 경험을 통해 만들어진 여러 관념들을 종합한 것이지요. 여기 책이 있어요. 헤겔은 이 책을 무엇이라고 생각했을까요? 그는 이 책을 만져 보고, 펼쳐서 읽어 보고, 냄새 맡고, 사르락 책장 넘기는 소리를 들은 우리의 관념들로 구성된 것일 뿐이라고 했어요. 헤겔은 책에 대한 경험이 모두 모이고 종합되어 '책'이라는 인식을 갖게 된 것일 뿐, '사물 자체'는 알 수 없다고 했지요.

발전하는 세계 정신

그럼, 현실이 우리 안에, 의식 안에 있다는 것은 확실한 것일까요? 그러니까 우리 안에 있는 지식은 진리인가요? 헤겔은 지식은 진리가 아니라고 했어요. 어떻게 진리인지 아닌지 확인할 수 있죠?

칸트라면 어떻게 대답할지 생각해 보세요. 개인의 선험적 인식 능력으로 알 수 있다고 했을 거예요. 하지만 헤겔은 그것은 역사가 흐르면서 만들어지는 '세계 정신'으로 알 수 있다고 했어요. 역사 속에서 살아가는 사람들의 의식이 진리인지 아닌지 평가한다고요. 헤겔 철학의 가장 위대한 점은 무엇보다도 진리를 역사의 과정으로 파악한 것이랍니다.

세계 정신이 어떻게 지식이 진리인지 아닌지를 평가해 주냐고요? 우리는 그 예를 역사 속에서 쉽게 찾아볼 수 있어요. '지구의 운동'에 대한 진리가 역사 속에서 어떻게 바뀌었는지 여러분은 잘 알고 있을 거예요.

중세 시대에는 모든 사람들이 지구가 태양계의 중심이라고 생각했어요. 하지만 근대에 들어 과학이 발전하면서 사람들은 지구가 태양계의 중심이라는 생각이 진리가 아니라 잘못된 지식인 것을 알게 됐어요. 지구가 태양의 주위를 돌고 있다는 사실을 과학이 명확하게 증명해 주었으니까요.

이제 확실히 이해가 됐나요? 지식이 진리와 같지 않다는 사실을 말이에요. 지식을 진리라고 할 수 없다는 사실을요.

독일 베를린의 훔볼트 대학 안에 있는 헤겔의 무덤이에요.

　그래서 헤겔은 영원한 진리는 없다고 한 것이랍니다. 하지만 끊임없이 세계 정신과 지식은 발전해 가고 있지요. 더 확실한 지식을 향해서요.

　근대 철학자들은 우리가 진리를 알 수 있는 방법을 끊임없이 생각했어요. 우리 의식과 사물이 일치하는지, 일치하지 않는지, 확실하게 말해 줄 재판관을 끊임없이 찾아 헤맨 거지요. 헤겔은 그 재판관을 찾았다고 선언했답니다. 그게 누구라고요? 바로 역사 속에서 계속 발전하는 '세계 정신'이랍니다.

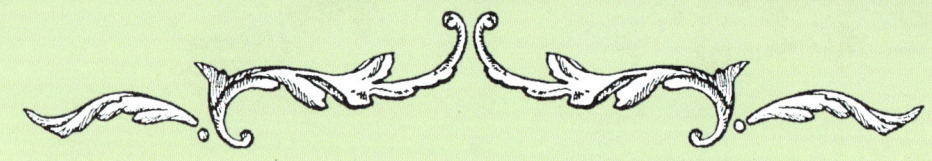

변증법이 무엇인가요?

변증법은 '대화의 기술'이라는 뜻의 그리스어에서 유래한 말이에요.
문답에 의해 진리에 도달하는 방법이지요.
소크라테스는 문답법을 가르침의 도구로 쓰고,
플라톤은 진리를 인식하기 위한 방법으로 사용했어요.
헤겔은 변증법을 더 발전시켜 인식뿐 아니라 세계의 변화를 설명했지요.

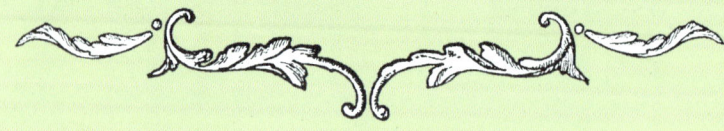

역사는 발전한다

헤겔은 영원한 진리란 존재하지 않는다고 했어요. 인간의 이성은 역사 속에서 끊임없이 발전하고, 그에 맞춰 진리도 발전했으니까요. 사람의 이성이 계속 진보하면서 인류도 앞으로 앞으로 발전한 것이지요.

그래서 헤겔은 고대나 중세의 여러 사상들을 두고 "이건 옳고, 저건 틀렸어!"라고 말할 수 없다고 했어요. 이전 세대의 사람들은 그 전 세대의 모든 생각들을 포함하여 그 시대의 생각을 결정한 것이니까요. 우리도 마찬가지이고요. 그러니까 어떤 철학이나 사상도 역사 관계에서 떼어 놓을 수 없다는 것이지요. 그래서 헤겔은 역사란 여러 사상이 길게 한 줄로 이어진 사슬이라고 했어요. 그리고 그 사슬 안에는 일정한 규칙이 있다고 했지요.

우리는 앞에서 파르메니데스가 "변화는 불가능하다."라고 주장한 것을

공부했어요. 그때 헤라클레이토스가 "모든 것은 흐른다."라고 주장하며 등장했지요. 두 철학자 사이에는 팽팽한 긴장이 흘렀어요. 그때 데모크리토스가 두 사람의 주장에서 옳은 부분을 가려내 새로운 생각을 펼쳤답니다. 그는 원소들이 결합하는 방식은 변하더라도 원소 그 자체는 변하지 않는다고 했어요. 파르메니데스와 헤라클레이토스의 주장을 잘 조합한 것이지요.

부정의 부정, 변증법

헤겔은 이렇게 한 가지 주장이 나올 때마다 그에 맞서는 주장이 나타난다고 했어요. 그리고 두 주장 사이의 긴장을 풀어 줄 새로운 주장이 등장한다고 했지요.

헤겔은 이러한 인식의 삼 단계를 '정립-반정립-종합'이라고 했어요. 한 가지 주장이 '정립'되면, 그 주장을 부정하는 다른 주장이 '반정립'되고, 그것을 다시 부정하는 새로운 주장이 나와 이 둘을 '종합'한다는 것이에요. 이것이 바로 헤겔의 '변증법'이랍니다.

다시 한 번 복습해 볼까요? 데카르트의 합리주의를 정립이라고 하면, 흄의 경험주의는 반정립이라고 할 수 있어요. 그리고 대립되는 두 사상을 칸트가 종합했지요. 칸트는 데카르트와 흄이 모두 부분적으로 옳지만, 또 모두 중요한 잘못이 있다고 생각했어요. 그래서 두 사람의 철학을 종합해 새로운 철학을 내놓았지요.

하지만 역사는 그렇게 끝나지 않아요. 칸트의 철학은 다시 정립이 되었고, 그에 대한 반정립이 나타났으니까요. 이렇게 역사는 끝없이 발전해 가는 것이랍니다. 헤겔은 이 같은 역사의 발전을 '변증법적 발전'이라고 했어요.

변증법적 발전은 역사에만 있는 게 아니에요. 여러분이 학교에서 토론을 할 때도 변증법적으로 더 좋은 의견을 만들 수 있어요. 헤겔은 변증법을 국가, 역사, 이성 등 모든 분야에 적용했어요.

헤겔의 사상은 후대에 많은 영향을 주었어요. 특히 변증법은 마르크스의 철학을 세우는 데 큰 받침돌이 되었지요. 마르크스는 변증법으로 사회적, 경제적, 역사적 과정을 설명했답니다.

재미없고 어려운 헤겔 선생님

헤겔의 철학은 어렵기 그지없어요. 같은 독일 사람들도 "헤겔의 책은 독일어가 아니라 '헤겔어'로 쓰여 있다."라고 했을 정도예요. 헤겔은 베를린 대학에서 학생들을 가르쳤는데, 그의 강의도 책만큼이나 어려웠어요. 하지만 그의 명성은 외국에까지 퍼져 강의실은 늘 학생들로 가득 찼지요. 독일의 철학자, 쇼펜하우어는 헤겔과 경쟁을 하려고 헤겔과 같은 시간에 강의를 열었다가 한 학기 만에 강의를 포기했어요. 학생들이 모두 헤겔의 강의만 듣고 자신의 강의에는 오지 않았기 때문이지요.

대학에서 학생들을 가르치는 헤겔

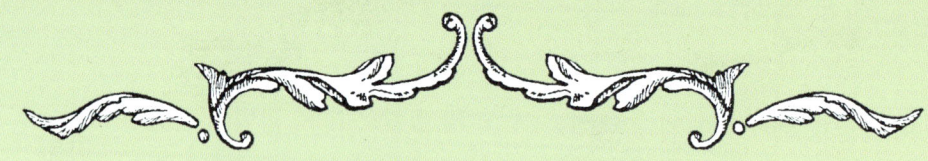

많은 사람이 행복하면 옳은 일이지!

1700년대 말, 영국에서는 공리주의가 크게 발전했어요.
공리주의는 옳고 그름의 기준을 사람들의 이익과 행복에 두는 사상이에요.
당시 공리주의를 체계적으로 연구한 철학자는 제레미 벤담이었어요.
그의 사상은 근대 시민 사회의 윤리가 되었을 뿐 아니라,
자본주의 질서를 잡는 데 토대가 되었답니다.

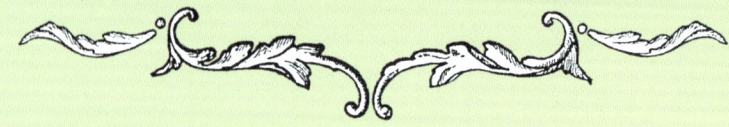

행복 전도사, 벤담

벤담은 영국의 철학자이자 법학자예요. 12세에 옥스퍼드 대학교에 입학하여 법학을 공부하고 15세에 졸업한 천재였지요. 변호사 자격을 얻은 뒤에는 변호사 일보다는 법률을 연구하는 일에 관심을 많이 가졌어요. 그리고 당시 영국의 부당한 현실을 바로잡기 위해 법을 개정하는 데 열중했지요.

벤담은 국민들이 행복하게 사는 것에 관심이 많았어요. 그래서 인생의 목적이 쾌락에 있다고 생각했어요. 그에게 행복은 쾌락이고 불행은 고통이었지요.

그런데 나만 행복하면 그만인가요? 그는 행복이 한 사

제레미 벤담(1748~1832년)
영국의 보수적인 정치와 법률을 비판하며 '최대 다수의 최대 행복'을 추구하는 공리주의를 주장했어요.

람 차원에서 그치면 안 된다고 했어요. 여러 사람이 행복을 누리는 '공중적 쾌락주의'로 발전해야 한다고 주장했지요. 그는 많은 사람들이 행복을 느끼면 그게 바로 옳은 것이라고 생각한 거예요. 이런 이유로 벤담은 가장 많은 사람에게 최대의 행복을 주는 '최대 다수의 최대 행복'을 외쳤답니다. 이런 그의 철학을 '공리주의'라고 한답니다.

그 시대에는 많은 철학자들이 무엇이 옳고 그른지, 또 무엇이 선이고 악이지를 명쾌하게 풀기 위해 오랫동안 골머리를 앓았어요. 하지만 벤담은 대담하게 그런 논의는 불필요하다고 생각했어요. "진리와 도덕을 멀리서 찾지 말라!"라고 하면서요. 그는 도덕에 무슨 원인이 있어야 하냐고 반박했지요. 그냥 결과가 좋으면, 그냥 많은 사람이 행복하면 도덕적인 것이라고 했어요. '최대 다수의 최대 행복!' 그의 생각이 오롯이 담겨 있는 말이 아닐 수 없지요?

쾌락 계산법

벤담은 올바른 행동이란 쾌락의 양을 늘리고 고통의 양을 줄이는 것이라고 했어요. 그는 쾌락의 양을 객관적으로 계산할 수 있다며, 쾌락 계산법을 내놓았지요. 그는 쾌락을 평가하는 기준으로 '강도, 확실성, 근접성, 다산성, 지속성, 순수성, 범위'라는 7가지를 꼽았어요.

강도는 어떤 행동으로 인한 쾌락의 정도가 얼마나 큰지를, 확실성은 그 행동이 얼마나 확실하게 쾌락을 주는지를 평가하는 거예요. 근접성은 쾌락을 얼마나 빨리 얻을 수 있는지를, 다산성은 쾌락이 단지 일회적인 것인지, 다른 쾌락들을 동반하는지를 측정하는 거예요. 지속성은 쾌락이 얼마나 지속될 수 있는지를, 순수성은 쾌락 속에 혹시 고통의 요소가 섞여 있지는 않은지를, 범위는 쾌락이 얼마나 많은 사람에게 미치는지를 묻는 것이에요. 벤담은 이 7가지 기준마다 쾌락을 '+'로, 고통을 '−'로 정해 쾌락을 계산했답니다.

그런데 여러분은 이 계산법으로 쾌락의 양을 정확하게 측정할 수 있다고 생각하나요? 사람마다 쾌락을 느끼는 정도는 달라요. 또한 같은 사람

이라도 상황에 따라 느끼는 쾌락의 양도 다르고요. 하지만 벤담은 그런 문제들을 해결할 방법이 없었지요. 그래서 사람들은 점점 쾌락의 양을 계산한다는 것에 의문을 갖기 시작했답니다.

  벤담의 공리주의는 쾌락의 양을 추구했다고 해서 '양적 공리주의'라고 해요. 그의 철학은 제자인 밀에게 계승되어 '질적 공리주의'로 발전해 나갔어요.

런던 대학의 유니버시티 칼리지에 있는 벤담의 미라예요. 그는 공리주의자답게 자신의 시신을 연구에 쓰도록 대학에 기부했어요.

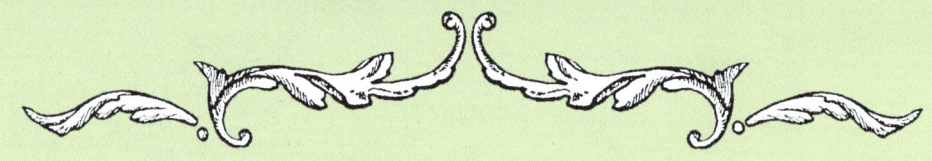

질 높은 행복은 무엇인가요?

산업 혁명 이후 자본주의의 문제점들이 여기저기에서 나타났어요.
가난한 노동자들의 삶은 더욱 나락으로 떨어졌고요. 존 스튜어트 밀은
자본주의의 모순을 보고 스승인 벤담의 철학을 수정해야 한다고 생각했어요.
그는 물질적 쾌락만 추구하며 타락하고 있는 자본주의의 가치를
대신할 만한 것으로 정신적 쾌락을 강조했답니다.

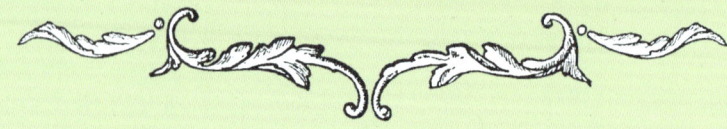

3세부터 철학자를 꿈꾼 밀

밀은 영국 런던에서 태어났어요. 그의 아버지는 공리주의자이자 경제학자인 제임스 밀이었어요. 그는 아들에게 엄격한 조기 교육을 시켰어요. 아들을 유명한 철학자로 만들고 싶었기 때문이지요. 그래서 밀을 3세부터 14세까지 직접 가르치며 학자가 되기 위한 모든 준비를 시켰답니다.

밀의 아버지는 밀에게 필요한 책과 논문을 모두 읽게 하고, 토론 모임에도 나가게 했어요. 밀은 다행히 이 과정을 무사히 마치고 훌륭한 철학자가 될 기본을 갖추게 되었지요.

그는 아버지의 영향으로 어린 시절부터 공리주의 사상

존 스튜어트 밀(1806~1873년)
벤담의 공리주의를 계승하여 발전시켰어요. 자유주의 정치 사상을 바탕으로 정치에도 참여해 하원 의원을 지내기도 했어요.

을 공부해 벤담의 영향을 많이 받았어요. 공리주의는 쾌락과 행복을 중요하게 생각하는 철학이잖아요. 그래서 밀도 삶의 가장 큰 목표를 행복으로 생각했지요. 하지만 밀은 벤담의 공리주의를 그대로 계승하지는 않았어요.

뭐라 해도 양보다 질

밀은 벤담의 '최대 다수의 최대 행복'이라는 생각에는 동의했지만, 쾌락을 양적으로 계산할 수 있다는 생각에는 동의하지 않았어요. 과연 쾌락을 양으로만 나타낼 수 있을까요? 어떤 쾌락이든 모든 사람에게 무조건 좋을까요? 쾌락에는 여러 종류가 있는데 좋은 쾌락과 나쁜 쾌락을 어떻게 구별할까요? 밀은 이와 같은 여러 가지 문제점을 발견했지요.

그리고 그는 감각적 쾌락보다 정신적 쾌락이 더 수준 높은 쾌락이라며 '질적 공리주의'를 주장했어요. 그는 정상적인 인간이라면 누구나 질적으로 높고 고상한 쾌락을 더 바랄 것이라고 믿었어요. 그래서 그는 이렇게 선언해요.

"배부른 돼지가 되기보다는 배고픈 인간이 되는 편이 낫고, 만족한 바보가 되기보다는 불만족한 소크라테스가 되는 편이 낫다."

아마 여러분도 밀의 공리주의 철학의 영향을 받고 있는 것 같아요. 왜냐고요? 지금 밖에 나가서 놀 수도 있고, 컴퓨터 게임을 할 수도 있고, 재미있는 만화 영화를 볼 수도 있는데, 이 책을 읽고 있잖아요! 그건 여러분이 당장의 감각적 쾌락보다는 좀 더 생각이 깊은 사람이 되려는 정신적 쾌락을 선택한 거니까요.

하지만 밀의 질적 공리주의도 문제점이 있었답니다. 대중음악을 듣는 것이 클래식 음악을 듣는 것보다 못한가요? 오페라를 보는 것은 영화를 보는 것보다 좋은가요? 한국의 판소리와 외국의 팝송 중 어떤 것이 더 질적 쾌락을 줄까요? 이런 것을 결정할 근거가 없기 때문이지요.

이런 여러 가지 결점에도 벤담에서 밀을 거쳐 이어져 온 공리주의 철학은 영국 철학의 주요 흐름이 되었고, 자본주의* 사회에 지대한 영향을 주었답니다.

그리고 미국을 비롯한 전 세계 사람들이 자신도 모르게 생활 속에서 따르는 철학이 되었지요.

> **＊자본주의**
> 모든 경제 활동의 목적은 이윤을 추구하기 위한 것이며, 사유 재산과 경제 활동의 자유, 자유 경쟁을 인정하는 경제 체제

의무론적 윤리론과 목적론적 윤리론

여러분이 어머니의 청소를 도와드리다가 아버지가 아끼는 도자기를 깨뜨렸어요. 어머니는 어떻게 했을까요?

"너는 왜 안 하던 짓을 해서 일을 만드니? 가서 공부나 해!"라고 하신다면 '목적론적 윤리론'을 따르는 거예요. 행동의 결과를 중요시하는 것이지요. 공리주의 윤리론이 대표적이에요.

"엄마의 청소를 도와주려 하다니 참 착하구나. 도자기를 깨뜨린 것은 네 의도가 아니니 너무 신경쓰지 말렴!"이라고 하신다면 '의무론적 윤리론'을 따르는 거고요. 행동의 동기를 중요시하는 거지요. 칸트의 윤리론이 대표적이에요.

목적론적 윤리론의 목적은 행복이에요. 그래서 결과적으로 행복을 가져오면 옳은 행동인 것이지요.

의무론적 윤리론은 언제 어디서나 지켜야 할 근본 원칙을 지키는 행동이 옳은 행동이랍니다.

근대 후기는 앞선 시기와 비교할 수 없을 정도로 과학이 발전했어요. 그래서 인간의 삶이 양적, 질적으로 크게 향상되었지요. 하지만 공장에서 일하는 노동자들의 삶은 점점 더 비참해졌어요.

또 두 차례의 세계 대전을 거치면서 절망감이 사람들을 무겁게 내리눌렀지요. 기존의 가치관에서 벗어나 새로운 가치관을 세워야 한다는 목소리가 절실해졌어요. 그래서 근대 후기에는 인간의 생각과 행동의 기준을 세우는 철학이 중요한 힘을 발휘했답니다.

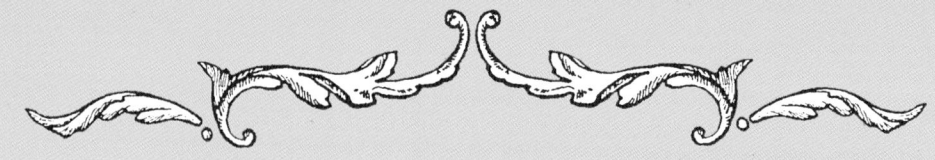

철학이여, 세계를 변혁하라

카를 마르크스는 철학의 역사에서 가장 급진적인 철학을 펼쳤어요.
그는 교수가 되려고 했지만 그의 사상을 받아 주는 학교가 없었지요.
그래서 그는 평생 가난과 싸우며 자신의 철학을 완성해야 했어요.
여기에는 친구 엥겔스의 도움이 무척 컸어요.
철학자이자 경제학자인 엥겔스는 평생 동안 마르크스에게
경제적, 정치적, 철학적 후원을 아끼지 않았답니다.

변혁의 시대, 변혁의 철학자

마르크스의 철학은 철학사에서 가장 강력한 힘을 가졌던 사상이라고 할 수 있어요. 그는 책상에 앉아 공부하는 철학의 시대는 끝나고, 이제는 현실에서 실천하는 철학만이 남았다고 주장했지요. "지금까지 철학자들은 단지 세계를 여러 가지 방식으로 해석하기만 했다. 그러나 중요한 것은 세계를 변혁하는 것이다."라고 선언하면서요. 마르크스는 지난 2,500여 년 동안의 철학이 내부 체계를 다듬는 사유의 철학이었다면, 이제는 바깥을 향하는 철학, 행동하는 철학의 시대가 왔다고 외쳤어요.

마르크스는 철학자만이 아니라, 정치 목표를 가지고 있는 역사가이자 사회학자였고 경제학자였던 거지요.

카를 마르크스 (1818~1883년)
독일의 철학자이자 공산주의 혁명가예요. 1847년 공산주의자 동맹을 창설하고, 엥겔스와 같이 쓴 《공산당 선언》을 발표해 후대에 큰 영향을 끼쳤어요.

그의 철학을 공부한 많은 사람들은 소매를 걷어붙이고 잘못된 현실과 맞서 싸우기를 주저하지 않았어요. 중국 혁명을 이끈 모택동, 러시아 혁명을 이끈 레닌, 이들은 모두 마르크스주의자였지요. 그 때문에 많은 나라에서는 그의 철학을 공부하는 것조차 철저히 막았답니다.

상트페테르부르크에서 연설하는 마르크스주의자. 레닌의 모습이에요.

헤겔의 철학을 바로 세워라

마르크스는 스스로를 헤겔의 충실한 제자라고 말했어요. 그러나 그는 헤겔의 철학을 '물구나무선 철학'이라며 그것을 바로 뒤집어 놓아야 한다고 했지요. 헤겔이 역사를 발전시키는 원동력을 '세계 정신', 즉 정신의 결과라고 한 거 기억하죠? 마르크스는 그것을 부정했어요. 헤겔의 철학은 진리를 혼동하게 만든다고요.

마르크스는 무엇보다 한 사회의 물질적 삶의 조건이 우리의 생각과 의식을 결정한다고 생각했어요. 여기서 물질적 삶의 조건이란 경제적 구조로 바꿔 말할 수 있답니다.

고대 사회의 시민들은 우리와 달리 경제생활에 전혀 관심이 없었어요. 그들이 게을러서였을까요? 그들은 생산 활동을 전적으로 노예에 의존했기 때문이지요. 또 중세 시대에는 부모가 자녀의 결혼 상대를 정했어요. 당시에는 결혼을 두 집안의 성과 농장의 결합이라고 생각했기 때문이에요. 부모님이 여러분의 결혼 상대를 정한다면 정말 끔찍하겠죠? 하지만 당시의 젊은이들은 당연하게 생각하고 부모님 결정을 따랐답니다.

그래서 마르크스는 개인의 의식은 시대의 경제적 구조와 떼려야 뗄 수 없는 관계에 있다고 했어요. 더 나아가 교육, 법, 정치, 문화, 종교도 모두 경제를 토대로 만들어지고요. 교육은 미래의 경제 일꾼을 가르치는 것이고, 법은 경제적 이익으로 생기는 싸움을 조정하는 것이고, 정치는 기업들의 사업이나 사람들의 경제생활과 관련된 법을 만드는 것이기 때문이에요. 마르크스는 이렇게 사회의 모든 사건과 현상을 경제적으로 해석했답니다.

마르크스는 헤겔의 생각과 반대로 한 사회의 물질적인 상황이 정신을 결정한다고 생각한 거예요. 물질이 먼저 있고 그것에 따라서 정신적인 것이 나온다는 것이지요. 그래서 물질적, 경제적 상황을 그 사회의 '하부 구조'라고 하고, 사회의식, 정치 제도, 법률, 종교, 예술, 철학 등을 '상부 구조'라고 했어요. 모든 건물은 튼튼한 기초가 있어야 지탱이 되듯이 하부 구조가 상부 구조를 지탱해 주고 있다고 했지요.

마르크스는 철학을 현실 속으로 끌어들였어요. 또 지배당하는 사람들의 입장에서 세상을 해석한 최초의 철학자예요. 그래서 마르크스를 1900년대의 사상과 정치에 가장 큰 영향을 준 철학자로 평가한답니다.

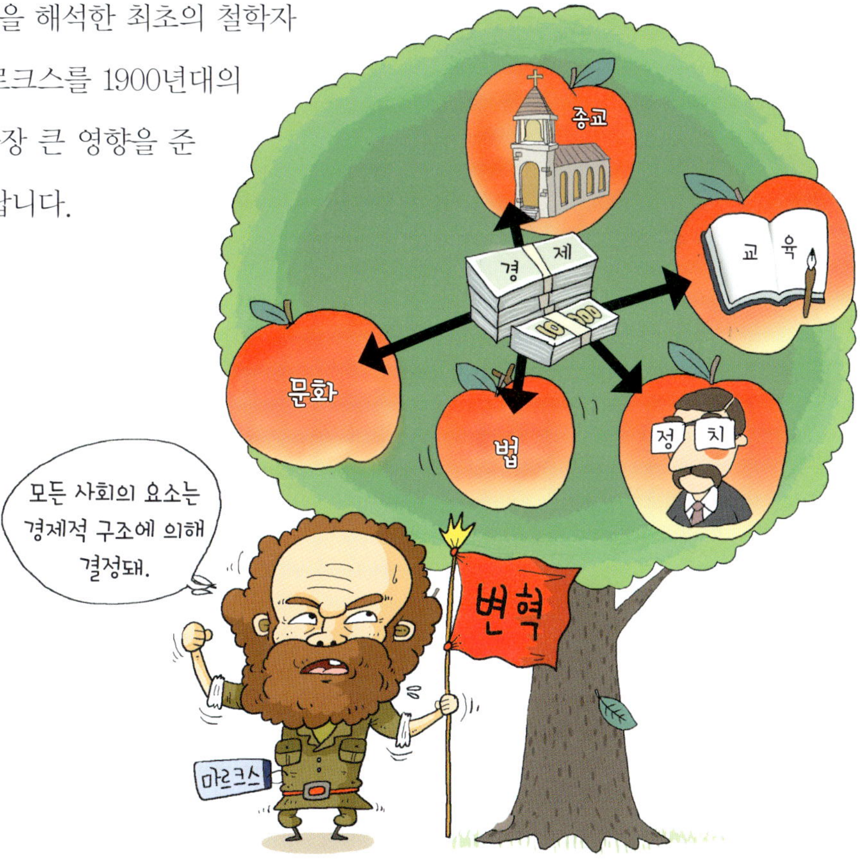

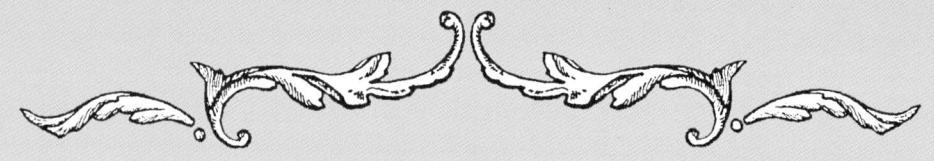

삶을 지배하는 슈퍼맨이 돼라!

근대 후기에 들어 헤겔을 마지막으로
이성을 중요시하는 철학은 힘을 잃어 갔어요.
어느 시대보다 인간의 실제 삶을 중시하는 철학이 발전하면서
이성보다 인간의 의지에 관심을 갖는 철학자들이 등장했지요.
그중에서도 누구보다 의지를 앞세워 철학사를 뒤집은 철학자가
바로 프리드리히 빌헬름 니체예요.

망치로 철학하는 철학자

니체는 "나는 망치로 철학을 한다."라고 말했어요. 마치 망치로 모든 것을 때려 부수듯이 기존의 모든 가치를 뒤집겠다는 뜻이에요.

니체는 기독교 집안에서 태어났어요. 그의 할아버지와 아버지가 목사였고, 할머니와 어머니는 목사의 딸이었지요. 이런 이유로 부모님은 그가 당연히 목사가 될 거라고 생각했어요. 하지만 니체는 역사상 누구보다 강하게 기독교를 비판하는 철학자가 되었답니다.

그가 기독교에 의문을 품기 시작한 것은 대학에 들어간 뒤였어요. 쇼펜하우어의 삶의 의지에 대한 철학에 깊이 빠져들었거든요. 그는 이성을 강조하는 철학과 결별하고

프리드리히 빌헬름 니체
(1844~1900년)
독일의 시인이자 철학자예요. 그는 당시의 종교, 도덕, 철학, 그리고 과학을 비판했어요. 니체의 철학은 인간의 주체성을 강조하는 실존주의에 영향을 주었어요.

의지를 중요시하는 철학으로 발길을 돌렸어요. 그리고 앞에서 이야기한 것처럼 누구보다 강력하게 기독교를 비판했어요. 인간의 의지를 강조하는데 왜 기독교를 반대하는지 금방 이해가 안 되지요?

이제 여러분은 지금까지 한 번도 공부한 적 없는 철학을 만나게 될 거예요. 모든 전통 철학과 도덕을 반대한 괴짜 철학자 니체를 만나 볼까요?

역사는 강자의 의지

데카르트에서 칸트를 거칠 때까지 철학자들의 관심은 온통 이성에 있었어요. 인간의 의지는 늘 철학의 바깥에 있었죠. 니체는 이 의지를 철학의 맨 앞줄로 옮겨 놓았어요. 그리고 그는 인간의 의지가 인간의 능력을 최대한으로 끌어올려 주는 아주 적극적이고 긍정적인 힘이라고 생각했어요.

물론 그런 의지는 힘이 있는 '강자'의 것이고, 우리의 역사는 이런 강자의 의지에 의해 움직인 것이라고 했어요. 강자의 의지에 의해 문명이 발달하고, 강자의 의지에 의해 가치가 창조되었다고 주장했지요.

니체의 주장은 그 당시 발표된 다윈의 진화론으로 더욱 힘을 받았어요. 다윈은 먼 옛날부터 오늘날까지 힘이 강한 생명체가 약한 생명체를 억누르고 진화해 왔다고 했거든요. 니체는 인간의 역사도 자연스럽게 강자의 의지가 뜻을 이루면서 발전했다고 생각했어요. 그리고 강자의 의지를 부도덕하게 보는 철학자들을 비판했답니다. 그들은 약자를 보호해야 한다며 강자를 법으로 지배하려 하고, 강자에게 겸손을 가르치려 한다고요. 전통적인 도덕은 강자가 자신의 삶을 개척해 나가는 것을 막을 뿐이라고 말이에요.

니체는 마찬가지 이유로 기독교도 비판했어요. '오른쪽 뺨을 맞으면 왼쪽 뺨을 내밀어라.'와 같은 기독교의 교리는 역사를 움직이는 강자의 손발을 꽁꽁 묶을 뿐이라고요. 니체에게 기독교는 강자를 파멸시키고, 강자의 자신감을 불안과 양심의 괴로움으로 바꿔 놓으려는 것으로만 보였어요. 그래서 니체는 대표작인 《짜라투스트라는 이렇게 말했다》에서 큰 소리로 외쳤지요. "모든 신은 죽었다!"

찰스 다윈 (1809~1882년)
그는 인간과 동물은 신에 의해 창조된 것이 아니라, 자연에 적응한 생물만 살아남아 진화한 것이라는 진화론을 주장했어요.

역사의 주인공은 강자이다

니체는 강자에게 진짜 '슈퍼맨'이 되라고 했어요. 이 슈퍼맨은 영화의 주인공처럼 힘이 센 사람을 말하는 것이 아니에요. 모든 도덕과 위선에서 벗어나 진정한 자유를 위해 자신의 의지대로 살아가는 사람을 말하는 것이지요. 니체는 그런 사람을 '초인'이라고 했답니다.

초인은 사소한 도덕이나 동정심에 사로잡히지 않을 뿐 아니라, 모든 인간적 요소를 극복한 사람을 말해요. 니체는 역사 속의 초인으로 나폴레옹이나 프리드리히 2세 등을 꼽았지요.

니체는 "삶이란 살아남기 위한 것이 아니라, 지배하기 위한 것이다."라고 했어요. 니체는 자신의 생각이 시대를 너무 앞서 갔다고 생각했어요. 그래서 미래의 독자들에게 기대를 걸었지요. 그의 생각처럼 이후에 등장한 사르트르를 비롯한 많은 철학자들과 프로이트, 융과 같은 심리학자들, 수많은 작가들이 그에게 큰 영향을 받았답니다.

니체의 말처럼 우리도 삶을 주체적으로 선택하는 초인, 열정적으로 자신의 재능을 발휘하는 초인을 꿈꿔 보아요.

자크 루이 다비드가 그린 〈서재에 있는 나폴레옹〉
일개 군인이던 나폴레옹은 뛰어난 정치력으로 프랑스의 제1통령을 지내고 스스로 황제가 되었어요.

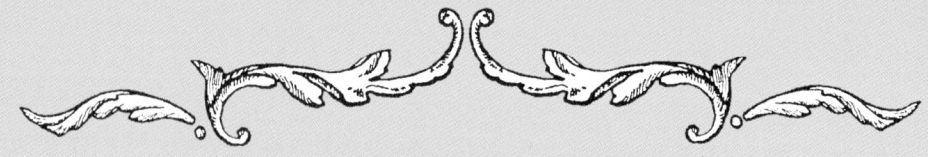

내 인생은 나의 것

장 폴 사르트르는 실천하는 지식인이었어요. 제2차 세계 대전 때에는 독일에 저항하는 활동을 하다 체포되어 전쟁 포로가 되기도 하고, 베트남 전쟁에 반대하는 운동을 벌이기도 했지요. 사르트르의 철학을 '실존주의'라고 해요. 그의 실존주의는 철학뿐 아니라 현대 문화에 엄청난 영향을 주었어요.

인간은 실존한다

'실존'의 사전적인 의미는 '실제로 있는 것'이에요. 하지만 사르트르의 '실존'은 인간을 가리키는 또 다른 말이지요. 사르트르는 "인간은 다른 사물처럼 존재하는 것이 아니라 실존한다."라고 말했답니다. 그럼 실존이란 무엇인지 더 자세히 알아볼까요?

실존은 우리 주변에 있는 사물이 존재하는 것과는 아주 달라요. 사물은 본질이나 목적을 가지고 판단할 수 있어요. 예를 들면, 연필의 본질은 '쓴다'는 것이고, 의자의 본질은 '앉는다'는 것이지요. 그럼 인간의 본질이나 목적은 무엇인가요? 많은 철학자들이 그것을 신에게서 찾았어요. 하지만 사르트르는 인간은 신에 의해 창조된 게 아니라, 아무 이유 없이 세상에 던져졌을 뿐이라고 주장했어

장 폴 사르트르(1905~1980년)
프랑스의 철학자이자 작가예요. 1900년대 실존주의를 대표하는 사상가로 평가받고 있지요.

요. 또한 사람은 자신이 아무 이유 없이 이 세상에 있음을 스스로 알 수 있다고 했어요. 나 자신에 대해 원래 결정되어 있는 것은 아무것도 없다면서요. 내가 존재하는 이유를 나 스스로 만들어 가는 것이라고 했지요. 그것이 인간의 존재 방식인 '실존'이고요.

인간은 사물과 달리 자신과 마주할 수 있는 존재예요. 자신과 마주한 다는 것은 자기 자신에 대해 생각하고 반성한다는 거예요. '내가 누구일까?'라는 생각을 하거나, 시험에 0점을 맞아 부끄러움을 느끼는 것이 바로 자신과 마주하는 것이에요. 생각하는 꽃을 본 적 있나요? 후회하는 사자를 본 적 있나요? 세상에서 유일하게 스스로를 비춰 보는 존재가 바로 인간이랍니다. 그래서 사르트르는 인간이 실존한다고 말한 것이에요.

존재와 무

사르트르는 세계 속의 사물은 그 자체로 존재하므로 '즉자(即 곧 즉, 自 스스로 자) 존재'라고 하고, 인간의 의식은 자신을 객관적으로 바라볼 수 있는 존재이므로 '대자(對 마주할 대, 自 스스로 자) 존재'라고 했어요. 그런데 사르트르에 따르면, 인간은 세계 속의 사물과 마찬가지인 '즉자 존재'로 머물러서는 안 돼요. 인간은 단순히 '즉자적인 것'에 대해 "아니오."라고 말함으로써 자신의 미래를 만들어가야 한다는 거예요. 이처럼 그냥 주어진 것에 대해 "아니오."라고 말할 수 있는 것, '과거'에 대해서도 '현실의 규정된 가능성'에 대해서도 "아니오."라고 말할 수 있는 것이야말로 인간 존재의 가장 중요한 특징이자 인간을 자유롭게 만드는 것이라고 사르트르는 생각했어요.

따라서 그의 대표작인 《존재와 무》는 원래 존재와 자유를 의미한답니다. '무'란 존재를 규정하는 본질이 따로 없다는 것을 가리키고, 이런 의미에서 인간은 자기를 변화

로댕이 조각한 〈생각하는 사람〉
사르트르는 인간의 의식을 자신을 바라보는 존재라고 했어요.

시키고 새로이 만들어 가는 자유를 지닌 존재라는 것이지요.

어쩌면 인간은 원래부터 아무것도 결정되어 있지 않기 때문에 불안한 존재인지도 몰라요. 결핍을 채우기 위해 욕망이 끝없이 꿈틀거리는 공허한 삶을 살고 있는지도 모르고요. 하지만 우리가 비록 우연하게, 아무 이유 없이 이 세상에 던져졌다 하더라도, 우리는 자유로운 존재이므로 자신의 삶을 스스로 선택해서 실현시킬 수 있지 않을까요? 여러분도 자신이 무엇을 하고, 어떻게 살아야 할지 스스로 결정해 자신의 본질을 만들어 가야 하고요.

내 인생은 나의 것이니까요!

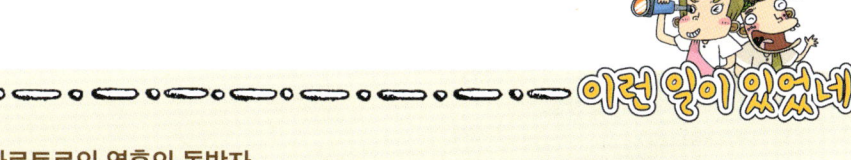

사르트르의 영혼의 동반자

1924년 사르트르는 파리 고등 사범학교에서 평생의 반려자이자 동지인 시몬 드 보부아르를 만났어요. 그들은 정식으로 결혼하지는 않았지만, 서로의 삶에 없어서는 안 되는 존재가 되었지요. 사르트르는 보부아르가 자신의 원고를 읽고 나서야 책을 냈다고 해요.

보부아르 역시 사회 비평가와 작가로서 확고한 위치에 있었어요. 그녀는 "여성은 태어나는 것이 아니고 만들어지는 것이다."라고 주장했어요. 여성이 '여성스러움'이라는 것에 길들여져 여성의 주체성을 잃었다는 뜻이에요. 그녀의 생각은 현대 여성 운동에 결정적인 영향을 주었답니다.

사르트르와 보부아르

자료 그림 제공
서용남, 윤유리

사진 출처
Dreamstime, Shutterstock, Wikimedia Commons(Michael F. Schönitzer, Michael Reeve, Kiko2000, shakko), Wikipedia

- 이 책에 실린 사진은 저작권자의 허락을 받아 게재한 것입니다.
- 저작권자를 찾지 못해 게재 허락을 받지 못한 일부 사진은 저작권자가 확인되는 대로 게재 허락을 받고 통상 기준에 따라 사용료를 지불하겠습니다.

| 찾아보기 |

갈릴레이 87
감각 28, 106
감성 127
견유학파 61
경험 88, 128
경험주의 88
경험주의자 88
계약 94, 117
고대 15
공리주의 139, 142
관념 110
관념론 129, 130
국가 94
국민 주권 사상 95
귀납법 100
근대 83

니체 152

다윈 154
덕 56
데모크리토스 30, 34
데카르트 96, 101

동굴의 비유 48
디오게네스 60

레오나르도 다빈치 84
로고스 64
로크 106
루소 114
루터 85
르네상스 84
리바이어던 95

마르크스 148
만민법 66
목적론적 윤리론 145
무 158
물질 103
미국 독립 전쟁 117
밀 142

반성 108
베이컨 88, 100
벤담 138
변증법 136

변혁 148

ㅅ

사르트르 156
사물 126
사회 계약설 94
사회 철학 92
산업 혁명 120
상부 구조 151
선험 125
세계 정신 132
소요학파 53
소크라테스 38, 42
쇼펜하우어 152
스토아학파 64
스피노자 102
신 80
신학 74
실존 156
실존주의 156
실체 103

ㅇ

아낙시만드로스 18
아낙시메네스 18
아리스토텔레스 52, 56

아우구스티누스 75
아퀴나스 78
아타락시아 71
아파테이아 66
양적 공리주의 141
에피쿠로스 68
에피쿠로스학파 68
에픽테토스 67
엠페도클레스 20
엥겔스 148
연역법 101
욕망 63, 66, 159
우상 89
원소 20
원자 31
원자론 34
의무론적 윤리론 145
의지 153
이데아 세계 47
이성 28, 98
인상 110
인식론 129

ㅈ

자본주의 145
자연권 95
자연법 66
자연 상태 94, 114
자연 철학자 19
정신 104
제논 64
존재 158
종교 개혁 85
중세 73
중용 58
진화론 154
질료 54
질적 공리주의 141, 144

ㅊ

철인 정치 50
철학 12
철학자 12
초인 155

ㅋ

칸트 122, 126
코페르니쿠스 86
쾌락 69

ㅌ

탈레스 16
태양 중심설 86

ㅍ

파르메니데스 24, 28
프랑스 혁명 117, 121
프로타고라스 38
플라톤 47, 50

ㅎ

하부 구조 151
합리주의 98
합리주의자 98
행복 56, 64, 138
헤겔 130, 134
헤라클레이토스 26
현상 126
형상 54
홉스 92
회의론 113
흄 110

정부 기관 선정 우수 도서상을
많이 수상한 믿을 수 있는 시리즈!

신문이 보이고 뉴스가 들리는 재미있는 이야기 시리즈

와~ 재미있겠다!

전 과목 교과학습, 시사상식, 논술대비까지 해결하는 통합교과학습서!

전 과목 교과 지식과 함께 다양한 사회·세계 이슈를 소개하고, 이해하기 쉽게 설명합니다.
서술형 시험과 구술, 논술 시험에 필요한 배경 지식을 쌓고 통합 사고력을 키울 수 있습니다.

전 41권 / 각 권 12,000원

'환경부 우수환경도서' 선정 | '미래창조과학부 우수과학도서' 선정 | '법무부 추천 도서' 선정 | '문화체육관광부 우수교양도서' 선정
'아침독서 추천 도서' 선정 | '어린이문화진흥회 좋은 어린이책' 선정 | '소년한국 우수어린이도서' 선정 | '학교도서관 사서협의회 추천 도서' 선정
'한국출판문화산업진흥원 청소년 권장도서' 선정 | '한국어린이교육문화연구원 으뜸책' 선정

사회와 추리의 만남
모든 사건의 열쇠는 사회 교과서에 있다!

〈어린이 과학 형사대 CSI〉를 잇는 또 하나의 시리즈,
새로운 인물과 더욱 흥미진진해진 사건으로 탄생한
'어린이 사회 형사대 CSI'의 이야기!

다섯 친구들이 펼치는
좌충우돌 형사 학교 이야기.

이제부터 사회 CSI와 함께 흥미진진한
사건들을 해결해 보자!

사회 형사대 CSI 시즌 1 완간!

❶ CSI, 탄생의 비밀 ❷ CSI, 힘겨운 시작 ❸ CSI에 도전하다 ❹ CSI, 파란만장 적응기
❺ CSI, 위기에 처하다 ❻ CSI, 경찰서 실습을 가다 ❼ CSI, 영국에 가다
❽ CSI, 정치 사건을 해결하다 ❾ CSI, 멋진 친구들! ❿ CSI, 새로운 시작!